LA MAGIA DEL CAOS

LUCA TARENZI

LA MAGIA DEL CAOS

PER PRINCIPIANTI E NON SOLO

OMBRE
ARMENIA

Via Milano 73/75 - 20007 Cornaredo (MI)
www.armenia.it
info@armenia.it

Stampato da Rotomail Italia S.p.A.

A Sara,
perché nessuno lo ha voluto più di te.
Sei solo tu che sposti le stelle.

TRE AVVERTENZE PRELIMINARI

1. Questo è un manuale per praticanti solitari. Qua e là si accenna a pratiche e rituali di gruppo, anche se non sono descritti in modo puntuale. In ogni caso troverete informazioni sufficienti per cominciare a organizzarvi in gruppo, se lo desiderate.

2. Sebbene abbia descritto anche incantesimi e pratiche che possono essere usati per nuocere al prossimo, declino qualunque responsabilità, in tal senso, anzi scoraggio apertamente i miei lettori dal fare del male a chiunque e per qualsiasi motivo, con la magia o in altro modo.

3. In nessun punto del libro troverete incantesimi con lo scopo di guarire malattie o in generale di sostituirsi alla scienza medica. Al di là della loro possibilità o meno di funzionare, voglio che sia chiaro che considero una follia usare la magia al posto della medicina e non raccomando a nessuno di farlo, in nessuna circostanza.

1.
INTRODUZIONE: CAOS, MA CON METODO

1.1 Una magia per il nuovo millennio?

Siamo nel primo quarto del XXI secolo e il mondo della magia, mai come oggi, è sembrato una giungla selvaggia e imprevedibile, dove l'inatteso è in agguato dietro a ogni decisione di abbandonare i sentieri più battuti, ovvero le tradizioni secolari, se non millenarie, che vediamo praticate tutt'oggi.

Morte e sepolte da tempo le epoche in cui il sapere occulto apparteneva a pochissimi individui, era racchiuso in volumi vetusti e rari, ed era trasmesso solo in circoli iniziatici, in scuole esoteriche, in congreghe paranoiche o dai genitori ai figli nel più assoluto riserbo. Oggi chi vuole "imparare la magia" si rivolge senza problemi al Web, ai social, ai canali YouTube, o pesca un libro che ha catturato la sua attenzione dall'apposito scaffale di una libreria (il volume che avete in mano ne è la prova).

Ora, se siete utenti dei siti a tema esoterico, anche solo in lingua italiana, negli anni vi sarete sicuramente imbattuti in tutorial che tentavano di spiegarvi come tracciare e "attivare" dei cosiddetti "sigilli", in simbologie che rimandavano ossessivamente al numero otto (in particolare una stella a otto punte, spesso disegnate in colori diversi) o in un'etichetta molto glamour ma dal senso tutt'altro che chiaro: *Magia del Caos*, o in inglese *Chaos Magic* (scritto spesso come *Chaos Magick*, con una *k* finale per omaggiare il celebre mago Aleister Crowley, che la aggiungeva in fondo alla parola per distinguere la magia vera e propria dalle illusioni dei prestigiatori).

Se state leggendo questo libro, suppongo che l'argomento vi incuriosisca e vogliate saperne di più. Ebbene, cercherò di fare anche meglio: non solo vi spiegherò in maniera semplice e chiara (il che non è affatto scontato in campo esoterico) che cos'è la Magia del Caos, ma vi insegnerò anche come usarla, o perlomeno vi indicherò come muovere i primi passi in una realtà che ormai si è espansa fino a dar vita a un intero universo. E se sapete già qualcosa in materia, confido che in queste pagine troverete comunque qualche informazione nuova, uno spunto inedito, una prospettiva che amplierà le vostre conoscenze e le vostre pratiche.

Nata agli inizi degli anni Ottanta (o alla fine dei Settanta, i punti vista variano...) dalle fondamentali intuizioni di due esoteristi dell'Inghilterra meridionale, la Magia del Caos ormai ha passato la quarantina, per cui risulta difficile considerarla una "neonata" tra le tradizioni magiche, sebbene in Italia la sua diffusione sia ancora assai limitata. Rimane comunque a buon diritto (per ora) la più giovane tra le tante strade intraprese dal pensiero esoterico occidentale, quindi non è del tutto sbagliato considerarla ancora "una novità", specialmente in un mondo come quello del sapere occulto, in cui "vecchio" significa letteralmente millenario.

Nei suoi quattro decenni di vita, la Magia del Caos ha già subito e seguito le bizzarrie della moda (nemmeno il mondo dei maghi è esente dai capricci e dagli innamoramenti momentanei!), ha avuto i suoi momenti di popolarità e i suoi periodi di stanchezza. Appena nata ha attraversato in un lampo sia il canale della Manica sia l'Oceano Atlantico per diventare già negli anni Novanta "la più moderna e tecnologica tra le forme di magia". Ha vissuto le sue guerre intestine e i suoi scismi, ha visto il suo fondatore ritirarsi totalmente dalle scene per quasi un ventennio, ha influenzato in varia misura quasi tutte le tradizioni magiche già esistenti. E ora, proprio in questi anni, sta sperimentando una rinnovata vitalità, complice il fatto che la nostra stessa società sembra entrata in una fase di drastico mutamento e di "realtà" sempre più soggettive, un brodo nel quale la Magia del Caos cuoce meglio di ogni altra forma di magia. Ormai si parla persino del superamento del concetto di Magia del Caos e di un suo riassorbimento in un ambito più vasto da denominare "magia postmoderna" o, meglio ancora, pensiero magico postmoderno, ma su questo punto torneremo più avanti.

Nel nostro paese conservatore e tradizionalista, persino in fatto di occultismo, la Magia del Caos ha preso piede abbastanza di recente, come testimoniano non solo la sempre più vasta presenza nel Web in lingua italiana, ma anche il moltiplicarsi – per quanto limitato – dei testi sull'argomento, perlopiù traduzioni di opere straniere (molte delle quali nemmeno tanto recenti). La stessa edizione italiana dei due testi fondamentali è dell'aprile 2025[1].

Le ragioni di questo successo in Italia sono fondamentalmente le stesse della sua affermazione altrove, e io penso di poterne identificare tre:

1) l'attrattiva – volendo anche solo estetica – di un pensiero che si presenta come inedito in un contesto dove le novità sono merce rara;
2) il fatto che si tratti di una magia praticabile facilmente da chiunque, senza bisogno di anni di studio, materiali costosi o complicazioni di sorta;
3) la circostanza che, forse per la prima volta nella sua storia, la cultura occidentale si trova per le mani un punto di vista che riesce a dar conto di qualunque forma di pratica magica, una "teoria generale della magia" in grado di "spiegare tutto" e che non ha motivo di porsi in contrapposizione con il sapere scientifico contemporaneo e anzi lo abbraccia.

---

1 Peter J. Carroll, *Liber Null e Psiconauta*, Edizioni Spazio Interiore, Roma 2025.

Un'idea di magia, dunque, che definisce se stessa "una tecnologia empirica per manipolare la realtà" e che circola finalmente libera da preconcetti, fedi religiose o necessità di credere a forze di cui non si può misurare l'esistenza.

Ma, prima di passare all'argomento vero e proprio, c'è un'ultima domanda a cui è necessario rispondere per poter capire veramente di che cosa stiamo parlando, ovvero: ma c'è veramente bisogno della Magia del Caos? Che necessità aveva un universo culturale – quello del cosiddetto "mondo occidentale" – che ha prodotto l'ermetismo, la goezia, la teurgia neoplatonica, l'alchimia, la stregoneria medievale e rinascimentale, la *Magia Naturalis* e la magia cerimoniale, di produrre un'ennesima pratica magica originale? Si è trattato solo di un capriccio, di una moda, o piuttosto di un'evoluzione?

Proverò a darvi una risposta nel prossimo paragrafo.

1.2. Lo specchio in mille pezzi

Secondo chi se ne è occupato a livello storico, nella cultura occidentale ci sono stati tre cambiamenti epocali che hanno portato al pensiero da cui è nata la Magia del Caos. Il primo, tra la fine del XIX secolo e l'inizio del XX, fu il Modernismo, ovvero la corrente di pensiero che, avvertendo la Prima guerra mondiale come una spaventosa cesura tra due periodi della storia, decise di staccarsi da tutto quello che era "tradizionale" nei campi più disparati, dall'arte alla religione, dall'architettura al pensiero sociale. Puntando uno sguardo consapevole, e spesso ironico, verso tutto quel che era venuto prima di loro, i modernisti decisero che non c'era nessun bisogno di fare le cose come "le si era sempre fatte", anzi aveva molto più senso cambiare: così nacquero innovazioni come l'arte astratta, la musica atonale, il flusso di coscienza in letteratura, il teatro dell'assurdo, l'estetica minimalista. In un certo senso, fu il primo momento in cui la nostra cultura si accorse che la realtà non aveva nessun bisogno di essere "unica e sempre uguale a se stessa".

Il passo successivo, dalla metà del XX secolo in poi, è stato il Postmodernismo, in cui il rifiuto del passato (anche di quello più recente, ovvero del Modernismo stesso) è stato portato fino alle sue estreme conseguenze. Il pensiero postmoderno ha cominciato a chiedersi che cosa fosse la "realtà" e se tutto sommato esistesse davvero, o se piuttosto non equivalesse alle varie forme di percezione (individuale, di gruppo, sociale) dando corpo a tante realtà diverse: per dirla in termini semplici "il mondo che vedo io non è il mondo che vedi tu"; quel mondo che ciascuno di noi costruisce attraverso i sensi, le conoscenze pregresse, le aspettative e i pregiudizi, di fatto, ha molta più importanza delle "cose in sé". Dal Postmodernismo, dunque, sono emerse una filosofia molto più disincantata verso qualunque forma di grandezza o finalismo della storia umana, un'arte più concettuale e più propensa alle contaminazioni, una letteratura che può fare a meno della narrazione lineare per sperimentare un linguaggio orientato in mille direzioni diverse.

Il terzo passaggio, che è talmente recente da far pensare ad alcuni che in realtà si tratti solo della fase finale del Postmodernismo stesso, è la sensazione contemporanea che il concetto stesso di realtà sia ormai del tutto superato.

Quello in cui viviamo oggi è un mondo di comunicazioni rapidissime e realmente onnipresenti, ma soprattutto capaci di influenzare la percezione di ciascuno di noi a vantaggio di persuasori occulti (spesso senza scrupoli) per determinare agende politiche, sociali, commerciali, filosofiche. Stabilire che cosa sia un "fatto" è diventato difficilissimo se non impossibile, perché cinquanta fonti diverse ce lo descriveranno in cinquanta modi diversi, spesso con la precisa intenzione di condizionare il nostro giudizio. Anche se abbiamo assistito di persona al fatto in questione, le interpretazioni che seguiranno influenzeranno la percezione al punto da alterare la nostra memoria. Noi stessi ormai viviamo contemporaneamente in molteplici mondi diversi, nei quali assumiamo differenti identità, dal sé che presentiamo nella vita di tutti i giorni ai tanti sé che possediamo online, spesso uno distinto per ciascuna piattaforma che utilizziamo.

La realtà in senso materiale ovviamente non è scomparsa – la tastiera sulla quale sto digitando in questo momento è "reale e concreta" – ma ha perso totalmente importanza a fronte delle narrazioni che vi si possono costruire attorno. In un certo senso, il mondo non esiste più: lo specchio attraverso cui lo guardavamo è andato in frantumi dando luogo a innumerevoli mondi, più fluidi e mutevoli di quanto non siano mai stati, che noi non possiamo fare a meno di occupare.[2]

Ora, la Magia del Caos è a mio avviso la più autentica espressione della nostra epoca: non è solo un mezzo privilegiato per navigarla, ma anche una griglia filosofica funzionale attraverso la quale guardare al mondo che noi stessi abbiamo creato.

Ogni forma di magia è ovviamente figlia del suo tempo e della sua cultura: gli uomini dell'antico Egitto o della Mesopotamia vivevano in un mondo governato da leggi incomprensibili (non in senso scientifico), sulle quali avevano un potere limitatissimo, dunque concepirono una realtà stracolma di dèi e forze sovrumane e una magia che tentava di dialogare con queste forze, per persuaderle o costringerle a fare ciò di cui l'uomo aveva bisogno.

Nell'Europa medievale si concepiva l'esistenza di un unico Dio e il mondo continuava a funzionare secondo le Sue leggi misteriose, che l'uomo poteva comprendere con la ragione, arrivando a manipolare la realtà: nascevano così "scienze" come l'alchimia o la *Magia Naturalis* che sarebbe diventata molto importante nel Rinascimento, ma allo stesso tempo, in parallelo, non erano cessati i tentativi di evocare e controllare tutte quelle intelligenze sovrumane (angeli, demoni, spiriti) che si pensava popolassero comunque l'universo.

---

2 A mio avviso, nessun testo finora ha saputo spiegare questo fenomeno meglio del recente Jianwei Xun, *Ipnocrazia. Trump, Musk e la nuova architettura della realtà*, Tlon, Roma 2025, a sua volta opera di un autore "inesistente", o meglio progettato e creato con una combinazione di pensiero umano e impiego di diverse IA.

Dopo la Rivoluzione Industriale, quando ormai la manipolazione della natura era diventata il territorio della scienza e della tecnologia, la magia si era riconsegnata quasi del tutto al mondo spirituale e gli antichi dèi erano tornati in auge, tanto come mezzi per ottenere materialmente quel che si desiderava quanto come fonti di conoscenza del mondo ultraterreno e delle forze in grado di "innalzare l'uomo al di là dell'umano".

Nel mondo attuale, la Magia del Caos sembra quasi aver chiuso il cerchio: in un universo completamente fluido, dove il paradigma dominante è quello scientifico-tecnologico, il pensiero caosiano offre una "tavola da surf" con cui navigare sopra le onde della realtà, trovando un nuovo posto agli dèi, ai demoni e agli spiriti del mondo antico senza contrapporli alla scienza. Inoltre, la Magia del Caos offre un mezzo – poco dispendioso, spesso divertente e/o esteticamente appagante – per ottenere risultati pratici, verificabili e misurabili concretamente.

Ma prima di avventurarci nella descrizione puntuale delle sue metodologie, lasciate che vi guidi in un piccolo *excursus* storico, dato che – converrete con me – è bene sapere da dove è nato qualcosa prima ancora di approfondirne i concetti e cominciare a farne uso.

2.

METTIAMO ORDINE IN UNA STORIA DI CAOS

2.1. Dove tutto è cominciato: Eliphas Lévi e Aleister Crowley

Sebbene la Magia del Caos sia considerata a tutti gli effetti un fenomeno tipico del XX secolo, per scoprire le sue autentiche radici è necessario scavare un po' più a fondo, com'è normale quando si cerca una sorgente.

Quindi, seguitemi mentre sposto all'indietro nel tempo le lancette dell'orologio – un atto che sempre contiene in sé un tocco di magia – per tornare alla data che più ci interessa e che segna, in un certo senso, una svolta significativa nella storia recente della magia occidentale.

Mi riferisco al 1875, ossia all'anno che vide, a pochi mesi di distanza, rispettivamente la morte di Eliphas Lévi[3] e la nascita di Aleister Crowley, due personaggi fondamentali nella nostra indagine.

---

3 Non sono a conoscenza di alcuna biografia di Eliphas Lévi pubblicata in lingua italiana. Le informazioni sulla sua vita qui riportate, se non altrimenti specificato, derivano da varie fonti enciclopediche.

Ma ancora non basta: se retrocediamo di altri sessantacinque anni, precisamente all'8 febbraio del 1810, abbiamo la data di nascita di Alphonse Louis Constant, che molti anni dopo avrebbe ricevuto il nome di Eliphas Lévi Zahed, con cui sarebbe passato alla storia. Il futuro occultista, che vide la luce a Parigi, trascorse i suoi primi quarant'anni in un'epoca storica tormentata: la Francia della Restaurazione. Di lì a poco sarebbero seguite la Rivoluzione di Luglio e la caduta definitiva della monarchia, mentre si delineavano all'orizzonte i decenni d'oro dell'esoterismo europeo, che avrebbero visto la nascita di personaggi destinati a lasciare tracce profonde nella storia della magia sul nostro continente: Stanislas de Guaita, Joséphin Péladan, Gérard Encausse detto Papus. Si può tranquillamente affermare che Lévi fu il loro imprescindibile antesignano.

Figlio di un calzolaio indigente, poté frequentare solo una scuola per bambini poveri gestita dalla Chiesa, dove fu notato per la sua vivace intelligenza e gli venne consigliato di seguire la carriera ecclesiastica. Entrò dunque in un seminario parigino e fu ordinato diacono, ma una settimana prima della consacrazione sacerdotale, a ventisei anni, abbandonò improvvisamente sia la scuola sia la carriera religiosa. I motivi non sono del tutto chiari: l'esoterista americano A.E. Waite, nella prefazione alla sua traduzione in inglese di una delle opere di Lévi,[4] suggerisce che il giovane Alphonse stesse già sviluppando convinzioni eterodosse sgradite ai suoi insegnanti, e che quindi il suo allontanamento fosse di fatto un'espulsione. Altre fonti,[5] però, riferiscono che Lévi avrebbe confidato al suo confessore di essersi innamorato di una delle ragazze a cui insegnava il catechismo, e che gli fosse dunque stato consigliato di allontanarsi finché non si fosse liberato dei suoi dubbi.

---

4 Eliphas Lévi, *The History of Magic: Including a clear and precise exposition of its procedure, its rites and its mysteries. Translated, with preface and notes by A. E. Waite*, Aziloth Books, Rookhope 2020.

5 Chistiane Buisset, *Eliphas Lévi: sa vie, son œuvre, ses pensées*, Editions de La Maisnie, Paris 1984.

Di certo sappiamo solo che non tornò mai più in seno alla Chiesa cattolica (se non per un breve soggiorno in monastero nel 1839) e che la passione per le giovani ragazze gli rimase probabilmente per tutta la vita, dato che nel 1848 si rese protagonista di una "fuga d'amore" con l'allora sedicenne Marie-Noémi Cadiot (di nuovo una sua allieva), figlia di un funzionario governativo e destinata a diventare una scrittrice e scultrice di una certa fama. Il padre di lei li costrinse al matrimonio per evitare lo scandalo, ma non fu un'unione fortunata: nacquero tre figli, nessuno dei quali raggiunse l'età adulta; dopo meno di dieci anni, i due si separarono.

Proprio in quel periodo, all'età di quarant'anni, Lévi visse un momento di profonda crisi esistenziale e spirituale, che segnò il suo ingresso nel mondo dell'esoterismo del XIX secolo. A quel punto, si immerse nello studio di vari argomenti occulti, tra cui la Cabala, alla quale venne iniziato nel 1853 dallo scienziato e filosofo polacco Josef Maria Hoene-Wroński (1776-1853). Fu in questa occasione che assunse il nome di Eliphas Lévi Zahed. L'anno successivo, a seguito di un viaggio in Inghilterra, strinse amicizia con il già celebre scrittore ed esoterista inglese Edward Bulwer-Lytton (1803-1873) e nel 1861 entrò nella loggia massonica parigina del Grande Oriente di Francia.

Tra questi anni e la sua morte, avvenuta il 31 maggio 1875, si colloca tutta la sua produzione esoterica, ovvero una ventina di testi[6] (alcuni pubblicati postumi) tra i quali spiccano per importanza due opere in particolare: *Dogma e rituale dell'alta magia*[7] (1855-56) e *Storia della Magia*[8] (1860). Furono proprio questi lavori di grande erudizione ma anche di notevole originalità per l'epoca, che spaziano dalla

6 L'elenco completo delle opere di Lévi esula dagli interessi di questo libro: troverete una breve nota su altri titoli di rilievo nella Bibliografia.

7 Eliphas Lévi, *Il Dogma dell'Alta Magia*, Atanòr, Roma 1995 e *Il Rituale dell'Alta Magia*, Atanòr, Roma 1994.

8 Eliphas Lévi, *Storia della Magia*, Libraio Editore, Milano 2023.

magia rituale alla Cabala, dall'Ermetismo ai Tarocchi, a garantirgli la fama di cui gode tutt'ora, consolidatasi dopo la morte e che ha segnato profondamente il pensiero magico successivo.

Siamo arrivati al punto che più ci interessa, ovvero il pensiero che avrebbe innescato il futuro sviluppo della Magia del Caos. Innanzitutto, per Lévi la magia non era il frutto dell'intervento di esseri soprannaturali nella nostra realtà: non erano angeli o demoni o altre creature spirituali a rendere possibili gli incantesimi, bensì l'impiego di un'energia sottile che pervade il mondo e che l'essere umano può dirigere usando l'immaginazione e la forza di volontà. Questa nozione di energia sottile, che Lévi derivava dallo studio di varie fonti tra cui i mistici francesi del XVIII secolo, il filosofo tedesco Carl Reichenbach (1788-1869) e la teoria del "magnetismo animale" di Franz Anton Mesmer (1734-1815), fu denominata "luce astrale": tramite la manipolazione di questa forza onnipresente, la mente umana era in grado *di per se stessa* di ottenere effetti prodigiosi sulla realtà.

Si tratta di un punto molto importante, perché ci troviamo davanti a una prima "teoria generale della magia", cioè al tentativo di spiegare il funzionamento di tutto ciò che è considerato magico, a prescindere dall'epoca e dalla cultura di origine e senza ricorrere a una sovrastruttura religiosa che richieda la fede nell'esistenza di esseri superiori e invisibili all'uomo (da notare che Lévi concepì questa teoria senza mai abiurare la fede cattolica).

Un altro elemento evidenziato dall'occultista francese, che sarebbe diventato fondamentale lungo il percorso che conduce alla Magia del Caos, è l'importanza attribuita a due funzioni della mente umana: l'immaginazione e la volontà. Anche in questo caso, Lévi non presenta il suo pensiero come una completa innovazione, ma ammette esplicitamente di rifarsi a fonti più antiche, in particolare il mago e alchimista rinascimentale Paracelso (1493-1541). L'idea di fondo – che si presentava comunque come una novità eversiva per gli ambienti esoterici dell'epoca (e lo sarebbe rimasta ancora nei decenni successivi) – si basava sul fatto che la magia non necessitasse di formule complicate e di lunghi e appariscenti rituali, che in sostanza erano solo dei meccanismi per guidare la mente a *immaginare* (in seguito si sarebbe detto *visualizzare*) e a *desiderare* che la luce astrale si muovesse in determinate direzioni, concretizzando gli intenti del mago.

In tale ottica – e anche su questo punto Lévi è esplicito – la fede nell'azione di determinate forze conta più dell'esistenza delle forze stesse. Nel momento in cui si attivano la forza di volontà e l'immaginazione, anche in forma di preghiera, rivolgersi alla statua di un santo cristiano o a un idolo africano è, a conti fatti, esattamente la stessa cosa (lo ripeto, sono i pensieri di un cattolico europeo della metà del XIX secolo).

Alla morte di Lévi seguì, dopo pochi mesi (12 ottobre 1875), la nascita del secondo (solo in senso cronologico) grande antesignano della Magia del Caos: Edward Alexander Crowley, meglio noto come Aleister Crowley.

In pratica, nel momento della scomparsa di Lévi, Crowley era già nell'utero della madre; tale circostanza fu sempre considerata molto significativa da quest'ultimo, che ammirava enormemente Lévi e in più di un'occasione sostenne di essere la sua reincarnazione.

Al di là dei collegamenti con la Magia del Caos, Crowley è una figura gigantesca nella storia della magia moderna, ma in questa sede, purtroppo, sono costretto a liquidare in poche pagine la sua vita densa di avvenimenti e di opere, lasciando al lettore l'onere di approfondirla per conto proprio (e ne vale la pena!).[9]

---

9 Esistono varie biografie di Aleister Crowley. In italiano potete trovare John Symonds, *Aleister Crowley: la Bestia 666*, Edizioni Mediterranee, Roma 2006 (biografia che notoriamente mostra poca simpatia per il personaggio) e Lawrence Sutin, *Fa ciò che vuoi. Vita e opere di Aleister Crowley*, Castelvecchi, Roma 2006. In inglese, tra le altre, Richard Kaczinski, *Perdurabo: The Life of Aleister Crowley*, North Atlantic Books, Berkeley 2010. Nella Bibliografia del presente volume trovate un elenco delle sue opere più importanti. Una buona sintesi del suo pensiero si trova in Marco Visconti, *Il manuale di Aleister Crowley*, Lo Scarabeo, Torino 2024.

Crowley nacque a Leamington Spa, nel Warwickshire, in una facoltosa famiglia di cristiani fondamentalisti, la cui fede abbandonò non ancora ventenne, ritenendola incoerente e del tutto inadatta alla sua personalità indagatrice e libertina. Dopo aver cambiato il proprio nome in Aleister, versione gaelica di Alexander che a suo parere aveva "un suono romantico" e un certo afflato magico, studiò filosofia a Cambridge, dove contrasse le sue prime malattie sessualmente trasmissibili, che rimasero un problema ricorrente della sua vita.

Affascinato dall'occulto fin dalla più tenera età, si unì già nel 1898 all'Ordine Ermetico della Golden Dawn, società iniziatica britannica esistente da una decina d'anni, e fu allievo di uno dei suoi fondatori, il mago cerimoniale Samuel Liddell MacGregor Mathers (1854-1918), con cui allacciò una stretta amicizia che fece da contraltare alla sua antipatia per un altro celeberrimo membro dell'ordine, il poeta irlandese William Butler Yeats (1865-1939). Nella Golden Dawn assunse il nome iniziatico di Frater Perdurabo ("Sopporterò fino alla fine"), che usò per tutta la vita.

Una giovanile passione per l'alpinismo, che non lo avrebbe abbandonato per molto tempo, lo condusse a viaggiare più volte in Asia dove, oltre a scalare le vette dell'Himalaya, ebbe occasione di studiare l'induismo e il buddismo, che avrebbe avuto un ruolo fondamentale nella formulazione delle sue teorie esoteriche. Altre due passioni lo accompagnarono per tutta la vita e lo resero ben noto al pubblico del suo paese: quella per le droghe di ogni tipo (che finì per danneggiare irreparabilmente la sua salute) e quella di scandalizzare i benpensanti in tutti i modi possibili. In particolare amava fare ampio uso di simbologie demoniache e riferimenti satanici nei suoi scritti e nelle sue performance (tra le altre cose, si attribuì il titolo di "Grande Bestia 666"), pur dichiarandosi formalmente agnostico fino alla fine dei suoi giorni,[10] così come provava un gran gusto nello

10 In realtà, la sua posizione in fatto di religione rimane piuttosto confusa ed emerge in maniera a volte contraddittoria nei suoi scritti. Di certo dichiarò più volte di non credere all'esistenza di Satana in quanto essere personificato.

sbandierare la sua bisessualità e nel farne la base di molti dei suoi rituali magici. L'unione di questi due fattori produsse un gran numero di scritti e cerimonie, sia pubbliche sia private, incentrate sul sesso e sull'estetica satanica che gli valsero sui giornali l'appellativo di "uomo più malvagio della sua epoca", con sua somma delizia.

Nel 1899 acquistò la magione di Boleskine House sulle sponde del Loch Ness, e iniziò a vivere nelle terre scozzesi che lo avevano sempre attratto. Continuò a viaggiare in Europa e in Asia e nel 1903 sposò la sorella di un amico, Rose Edith Kelly, che divenne stretta collaboratrice della sua produzione di opere occulte. Durante il loro viaggio di nozze al Cairo, l'anno successivo, scrisse il primo dei suoi testi più importanti, il *Liber AL* o *Libro della legge*,[11] che a suo dire gli venne dettato dalla voce incorporea di un'entità chiamata Aiwass, inviatagli direttamente dal dio egizio Horus e che in seguito Crowley avrebbe identificato con il suo "Sacro Angelo Custode" (*Holy Guardian Angel*) personale. Il testo annunciava l'inizio di nuova epoca per il pianeta Terra, l'Eone di Horus, di cui Crowley stesso sarebbe stato il profeta, e che sarebbe stata caratterizzata dal motto: *"Fa ciò che vuoi" sarà l'unica Legge* (da interpretarsi come "Comprendi la tua vera volontà e la tua missione sulla Terra e perseguile come tuo unico scopo"). Da questa base sarebbe in seguito derivata la filosofia spirituale che Crowley avrebbe battezzato "Thelema", ispirandosi al nome di un'abbazia immaginaria che appare nelle opere del poeta rinascimentale francese François Rabelais (1494-1553).

Negli anni successivi, Crowley visse perlopiù a Boleskine, dove organizzò i suoi rituali di magia, consumò quantità eroiche di sesso e droghe, e produsse un buon numero di opere, tra testi esoterici, romanzi e poesie. Entrato in conflitto con la Golden Dawn (un po' per aver preso le parti dell'amico Mathers nel corso di uno scisma interno, un po' perché irritato dal fatto che a suo parere l'ordine ostacolava la

11 Incluso in Aleister Crowley, *L'Equinozio degli Dèi*, Astrolabio Ubaldini, Roma 2021.

sua ascesa ai gradi iniziatici più elevati), decise di fondare un nuovo ordine esoterico che mescolasse idee e rituali della Golden Dawn stessa con la filosofia da lui elaborata (Thelema). Nel 1907 diede così vita all'*Argenteum Astrum* (indicato anche come A.·.A.·.), con sede a Londra, nel quale finalmente deteneva il controllo del processo iniziatico. Cominciò anche a pubblicare un periodico biennale dal titolo *Equinox*, che divenne organo ufficiale dell'A.·.A.·. (tenetelo a mente, perché ci ritorneremo). Negli stessi anni divorziò dalla moglie Rose, sprofondata nel frattempo in una grave crisi di alcolismo.

Nel 1912 il mago tedesco Theodor Reuss (1855-1923) lo introdusse in un altro importante ordine esoterico, l'Ordo Templi Orientis (O.T.O.), di cui divenne direttore della sezione inglese, che usò per diffondere le sue idee thelemite nell'ambito dell'esoterismo internazionale. Durante la Prima guerra mondiale, Crowley visse in America, dopo aver venduto Boleskine House per reperire fondi[12]. Poi, nel 1920, si trasferì a Cefalù, in Sicilia, dove fondò una sorta di comune che, sempre in riferimento a Rabelais, chiamò "Abbazia di Thelema". Qui si trattenne per quattro anni con un certo numero di adepti, finché la cattiva fama dei rituali di magia sessuale praticati nell'Abbazia (nonché le discutibili condizioni igieniche della comunità) non varcò l'oceano. Tuttavia il governo fascista non intervenne prima del 1923, e fu solo a quel punto che espulse il gruppo dall'Italia.[13]

Nella seconda metà della sua vita, Crowley continuò a viaggiare per il mondo, a seminare figli illegittimi, a incontrare esponenti di ogni genere del *milieu* esoterico internazionale (conobbe tra gli altri

12 Dal 1970 al 1992 la magione, che ha sempre avuto una fama sinistra (pare sia stato persino teatro di un suicidio negli anni Sessanta), è appartenuta a Jimmy Page, il chitarrista dei Led Zeppelin, famoso collezionista di materiale riguardante Crowley.

13 L'edificio, abbandonato e in rovina, esiste ancora oggi, sebbene sorga su un terreno di proprietà privata. Sono stati fatti tentativi di acquistarlo per trasformarlo in un museo, finora infruttuosi. Online sono facilmente reperibili fotografie dell'esterno e dell'interno del rudere.

Gerald Gardner, futuro fondatore della Wicca) e a produrre una grande quantità di opere, sebbene la sua salute andasse via via peggiorando. A questo periodo appartiene la pubblicazione definitiva della sua opera più importante, *Magick*[14], uscita nel 1929, che riunisce e organizza molto materiale della sua produzione precedente.

Nel 1944 si stabilì definitivamente ad Hastings, dove conobbe un giovane avvocato destinato a diventare un altro dei grandi nomi del panorama occulto del XX secolo: Kenneth Grant (1924-2011), che come vedremo avrebbe avuto a sua volta un ruolo cruciale nella storia della Magia del Caos. Grant divenne il segretario di Crowley negli ultimi anni della vita di quest'ultimo, che era solito ricompensarlo rigorosamente impartendogli lezioni di arte magica anziché con regolari sterline di stipendio.

Crowley morì il primo dicembre 1947, fu cremato a Brighton e le sue ceneri, spedite a un amico dell'O.T.O. negli Stati Uniti, riposano oggi nel New Jersey. Nel 1957 venne pubblicata postuma una raccolta di lettere intitolata *Magick Without Tears*[15], documento di non secondaria importanza per la comprensione del suo pensiero.

Dalla vita fantasmagorica, istrionica e autodistruttiva di questo straordinario personaggio sono emersi numerosi insegnamenti che avrebbero influenzato profondamente la pratica della magia dopo di lui, e alcuni in particolare sarebbero diventati la base delle riflessioni che, mezzo secolo dopo, avrebbero portato alla formazione della Magia del Caos. A partire dalla concezione stessa della magia che Crowley definiva "la Scienza e l'Arte di causare Cambiamenti in conformità con la Volontà".[16] Come potete vedere, ci troviamo subito sulle orme di Lévi, ovvero di fronte a un'idea di magia che nasce dalla volontà e dalla decisione dell'uomo di provocare cambiamenti reali nel mondo che lo circonda.

---

14 Aleister Crowley, *Magick*, Astrolabio Ubaldini, Roma 2021.

15 Aleister Crowley, *Magick Without Tears*, Cerchio della Luna, Verona 2020.

16 *Magick* p. 167.

L'aspetto pragmatico di questo procedimento è sottolineato anche dal fatto che Crowley consigliava ai maghi di tenere un diario nel quale annotare scrupolosamente i propri esperimenti e trascriverne obiettivamente gli esiti, per poterne determinare i progressi nel tempo. Questa applicazione del metodo scientifico alla pratica magica era tutt'altro che scontata a quei tempi, ma grazie all'opera di Crowley divenne una pratica seguita e consigliata nella magia moderna, fino a imporsi come uno dei capisaldi della Magia del Caos (come vedremo meglio più avanti). Il tradizionale grimorio dello stregone, in cui il praticante trascriveva via via gli incantesimi di cui si appropriava, veniva dunque sostituito da un "diario di laboratorio" che dava per la prima volta alla magia quell'aspetto di scienza empirica che nella Magia del Caos avrebbe raggiunto il suo apice.

"Cominciamo a dubitare di ogni affermazione", scrive Crowley. "Troviamo il modo di assoggettare ogni affermazione al controllo dell'esperimento".[17] Sembrano parole che potremmo trovare nei diari di uno scienziato di impostazione cartesiana, non certo nei grimori di un mago delle antiche e più note tradizioni.

Da questa centralità ed esclusività della mente umana nell'atto magico deriva un'altra concezione, già presente anch'essa in Lévi ma che in Crowley viene pienamente espressa, secondo la quale per fare magia non occorre l'intervento di forze esterne all'uomo, siano esse personificate o no. Si potrebbe subito obiettare che gli scritti di Crowley traboccano di angeli, spiriti e demoni, che gran parte dei suoi incantesimi consistono nel tentativo di entrare in contatto con queste forze e che lui stesso dichiarò moltissime volte di aver comunicato con esseri disincarnati, a partire dall'"angelo" Aiwass[18]. In relazione a ciò, nei suoi scritti più tar-

---

17 *Magick*, p. 19.

18 Durante una delle sue permanenze a Boleskine House Crowley tentò anche un lunghissimo e complicatissimo rituale di epoca medievale, l'"Operazione di Abramelin", il cui scopo consiste nel mettere il mago in comunicazione diretta con il suo angelo custode.

di Crowley dichiara apertamente che un mago *non ha alcun bisogno* di credere sul serio nell'esistenza di questi esseri: quel che è necessario è eseguire i rituali e le procedure magiche *come se* gli angeli e i demoni esistessero veramente, disinteressandosi della loro effettiva realtà o irrealtà (per parte sua, Crowley sostiene di non sapere se esistono o no).

Il rituale, insomma, servirebbe a indirizzare la mente del mago verso determinate forme di pensiero, che a loro volta avrebbero un effetto sul mondo reale: un'intuizione di importanza fondamentale che distacca la concezione crowleyana da tutto quel che è venuto prima e apre di fatto una nuova epoca del pensiero magico.

Un terzo punto che Crowley enfatizzò nella sua pratica è l'impiego di stati di coscienza alterati nei rituali, sulla base dell'idea che la mente lavori meglio a un esito magico se non si trova al livello della coscienza ordinaria, principalmente perché la volontà cosciente e l'inconscio del mago possono non avere gli stessi obiettivi e dunque finire per lavorare l'una contro l'altro[19] (un altro punto che sarà fondamentale nella Magia del Caos). Per ottenere ciò i metodi favoriti di Crowley erano il sesso – soprattutto nelle forme che causano traumi per il loro distacco dalla morale corrente – e l'uso di sostanze alteranti, ma anche la meditazione e le forme di concentrazione assoluta, lo yoga e le tecniche orientali di respirazione (*pranayama*), di cui fu profondo cultore per tutta la vita. Anche questi sono tutti elementi che ritroveremo nella Magia del Caos contemporanea.

2. 2. Il padrino inconsapevole: Austin Osman Spare

Nella Londra di Crowley, di Mathers e degli altri personaggi peculiari che abbiamo imparato a conoscere si aggirava, più o meno negli stessi anni, un'altra figura assai singolare, per quanto molto meno

19 *Magick* p. 170: "Un uomo la cui volontà conscia è in contrasto con la sua Volontà Vera spreca la propria forza. Non può sperare di influenzare in modo efficace il suo ambiente".

nota al pubblico sia di allora sia di oggi, che pur avendo vissuto un'esistenza decisamente infelice, era destinata a diventare il vero punto di partenza pratico della Magia del Caos: il pittore e illustratore Austin Osman Spare (1886-1956).[20]

Questi, figlio di un poliziotto, nacque a Londra il 30 dicembre, in una famiglia numerosa. Fin dall'adolescenza, gli fu riconosciuto un notevole talento artistico, che gli fruttò pure diversi premi. Spare collaborò con riviste e giornali, realizzò mostre e a partire dal 1905 iniziò la stesura dei suoi libri più famosi, costituiti sia di testo sia di illustrazioni e per la maggior parte autopubblicati, perché decisamente poco conformi al gusto artistico dell'epoca e "troppo difficili da digerire per lo stomaco dell'uomo medio", secondo il celebre drammaturgo George Bernard Shaw.

L'interesse per i soggetti esoterici e una prima elaborazione del suo originale pensiero magico erano già evidenti in questi lavori, in particolare nel *Book of Satyrs* (1907) e ancora di più nel *Book of Pleasure (Self-Love): the Psychology of Ecstasy*[21] (1913), che attirarono subito su di lui l'attenzione del *milieu* occulto di Londra. Spare fece la conoscenza di Aleister Crowley e, per un po' di tempo, fu candidato a entrare nell'A.·.A.·., ma alla fine non fu ammesso all'iniziazione. I due occultisti non provarono mai simpatia reciproca. Da un lato a Crowley non piaceva nessuno che non lo adorasse e non gli desse incondizionatamente ragione; dall'altro, Spare era fortemente individualista e aveva un carattere intransigente, oltre a non apprezzare granché la magia cerimoniale, nemmeno sotto il profilo estetico.

20 Che io sappia non esistono biografie di Austin Osman Spare in lingua italiana. In inglese si può fare riferimento a Phil Baker, *Austin Osman Spare: The Life and Legend of London's Lost Artist* (revised edition), Strange Attractor Press, Londra 2023 e al capitolo corrispondente in Nevill Drury, *Stealing Fire from Heaven. The Rise of Modern Western Magic*, Oxford University Press, New York 2011, pp. 134-153.
21 Austin Osman Spare, *Il libro del piacere (amore di sé). La psicologia dell'estasi*, Media Print, Livorno 2017.

Durante la Prima guerra mondiale Spare servì nella divisione medica dell'esercito britannico e terminate le ostilità fu rimandato in Francia come artista di guerra per documentare le atrocità del conflitto. Tornato in patria, dovette affrontare il primo vero rovescio della sua fortuna. I rapidi cambiamenti nei gusti del pubblico nonché una rinnovata antipatia nei suoi confronti da parte dei critici londinesi d'élite mandarono deserte varie mostre dell'artista. Quest'ultimo, di conseguenza, non risparmiò strali velenosi contro i suoi detrattori in un altro dei suoi testi esoterici, *Anathema of Zos: the Sermon of the Hypocrites* (1927).

Gravemente impoverito, arrivò a contemplare il suicidio. Negli anni successivi sperimentò nuovi stili e, grazie a questo, visse qualche momento rinnovata fama, ma nel complesso le sue fortune continuarono a declinare. Durante la Seconda guerra mondiale, alla quale non poté partecipare attivamente perché era ormai troppo anziano, la sua casa di Londra fu distrutta in un bombardamento tedesco, il che mandò letteralmente in fumo una grande quantità dei suoi lavori.

Viveva ormai da anni come un recluso, quando nel 1949 un'amica gli presentò l'uomo che aveva appena sposato, ovvero Kenneth Grant, l'ex segretario di Crowley (che era deceduto un paio d'anni prima lasciando Grant a capo del ramo britannico dell'O.T.O.). L'incontro si rivelò probabilmente l'evento più importante nella vita di Spare: i due divennero grandi amici e si frequentarono assiduamente nel poco tempo che a Spare restava da vivere. Fu proprio Grant a provare interesse per i libri dell'amico, a comprenderne lo straordinario potenziale in campo esoterico e a promuoverne la diffusione delle opere anche dopo la scomparsa dell'autore, in particolare nel suo libro *The Magical Revival*.[22] Senza l'intervento attivo di Grant, è del tutto possibile che il contributo unico di Spare alla storia della magia sarebbe scivolato via senza lasciare traccia.

---

22 Kenneth Grant, *The Magical Revival*, Frederick Mueller Publishing, Londra 1972. Ed. it. *Il risveglio della magia*, Astrolabio Ubaldini, Roma 1978.

All'età di sessantanove anni Spare, già sofferente di bronchite, anemia e calcoli renali, fu ricoverato d'urgenza per una peritonite e morì in ospedale il 15 maggio 1956.

Molti studiosi sono del parere – e io tendo a sostenerli – che il suo pensiero in campo magico sarebbe probabilmente considerato una delle elaborazioni più originali del mondo moderno persino se Spare non fosse diventato l'antesignano della Magia del Caos. Da notare che sviluppò la sua idea per lo più in autonomia, al di fuori degli ambienti esoterici in cui Crowley e i suoi contemporanei rimasero invischiati per tutta la vita. I suoi testi sono spesso oscuri e difficili da interpretare, anche per chi li ha studiati tutta la vita, ma almeno l'elemento più interessante per noi è esposto con chiarezza nel *Book of Pleasure*: sto parlando dei cosiddetti sigilli.

Spare era convinto che la forza più potente con cui l'uomo può influenzare la realtà sia l'inconscio (un'idea che abbiamo già incontrato) e, da artista visuale qual era, riteneva che il linguaggio dell'inconscio stesso fosse costituito da simboli e immagini, non da parole. Affascinato dai grimori medievali e rinascimentali e dagli intricati simboli che proponevano come mezzi per entrare in contatto con demoni e spiriti, pensava altresì che l'inconscio di ciascuno di noi operasse sia con simboli universali sia con simboli propri (forse nella maggior parte dei casi).

Dunque elaborò un suo sistema per tradurre le volontà della mente conscia in un codice comprensibile all'inconscio, che in un primo tempo chiamò "alfabeto del desiderio". Secondo le sue indicazioni, un mago che voglia veder esaudito un suo desiderio deve innanzitutto trascriverlo nella forma più semplice e concisa possibile. Deve poi prendere le lettere che compongono la frase e ricombinarle tra loro, mescolandole e sovrapponendole fino a ottenere un simbolo che a prima vista non ricorda nemmeno lontanamente il significato della frase da cui è stato ricavato. Riprendendo il linguaggio magico medievale che lo aveva ispirato, Spare chiamò questi simboli "sigilli".

Una volta ottenuto il sigillo, che contiene ancora in sé l'espressione del desiderio (memorizzata dall'inconscio), il mago non la mostra più apertamente, deve visualizzarla per poi proiettarla nell'inconscio grazie a un "momento di vuoto", che non equivale alla concentrazione quanto piuttosto a un istante in cui il corpo e la mente del mago sono esausti e formano appunto un "vuoto" in cui il sigillo può penetrare. Una volta ottenuto ciò, il sigillo dev'essere dimenticato e l'inconscio lasciato a operare la sua magia sul mondo.

Questo bizzarro procedimento, che spiegherò in dettaglio nel capitolo 4, contiene già tutti i principi che una settantina d'anni dopo la prima pubblicazione del *Book of Pleasure* avrebbero ispirato i fondatori della Magia del Caos.

Un esempio pratico di questa magia dei sigilli o "sigillazione" è offerto da un aneddoto raccontato da Kenneth Grant stesso, secondo il quale in un'occasione Spare – già molto indebolito negli ultimi anni della sua vita – si sarebbe trovato a dover rimuovere da solo alcuni pesanti tronchi di legno, e avrebbe deciso di ricorrere a un sigillo che aveva già usato in passato e che aveva creato allo scopo di ottenere "la forza di una tigre" (lo si trova esemplificato anche nel *Book of Pleasure*). A quanto scrive Grant:

> *Spare chiuse gli occhi e visualizzò mentalmente il simbolo che conteneva il desiderio di possedere la forza di una tigre. Quasi immediatamente avvertì una risposta interiore, seguita da una tremenda esplosione di energia che gli attraversò tutto il corpo. Per un momento si sentì come un ramoscello piegato dalla furia di un vento impetuoso. Con un potente sforzo di volontà si ricompose e diresse l'energia verso il bersaglio corretto: una grande calma scese su di lui e si rese conto di poter sollevare il legname con facilità.*[23]

Il pensiero di Spare è molto più vasto e oscuro di queste specifiche indicazioni di magia, che lui preferiva definire *stregoneria*, sottolineandone l'aspetto pragmatico, volto a ottenere risultati sul mondo

23 Drury, *Stealing Fire from Heaven* p. 147

concreto. Tale atteggiamento, ripreso in toto dai maghi del Caos, viene in genere chiamato Zos Kia (ancora una volta, dobbiamo la denominazione a Kenneth Grant). Esplorare questo campo tutt'altro che agevole va al di là degli scopi di questo libro, per cui mi limiterò a spiegare che secondo Spare l'esistenza dipendeva dalla tensione tra Zos, il corpo e la mente individuali dell'uomo, e Kia, l'Assoluto o forza universale, che nel singolo si manifestava attraverso l'inconscio, riconosciuto ancora una volta come perno della nostra realtà personale nonché primo e sommo agente magico.

2.3. Il brodo di cottura: Robert Anton Wilson, la Società Discordiana, Ramsey Dukes

Alla scomparsa di Spare nel 1956 seguirono a un battito di ciglia gli anni Sessanta e Settanta, che con la controcultura, il movimento hippie e la psichedelia fornirono gli ingredienti mancanti al "brodo di cottura" che avrebbe dato forma alla Magia del Caos.

Scrittori ed esploratori dei più remoti recessi della psiche umana, come Timothy Leary (1920-1996) prima e Terence McKenna (1946-2000)[24] poi spalancarono le porte a nuove visioni della realtà. Grazie anche al contributo di John Cunningham Lilly (1915-2001),

---

24 Sia Leary sia McKenna, pur non avendo avuto parte attiva nella formazione della Magia del Caos, sono letture assolutamente consigliate al mago postmoderno, anche solo per comprendere meglio l'epoca che ha partorito i temi di cui stiamo parlando. Per una bibliografia di base: Robert Greenfield, *Timothy Leary. Una biografia*, Fandango Libri, Milano 2012; Timothy Leary, *Il gran sacerdore*, ShaKe, Milano 2006; *Neuropolitica. Il potere, la controcultura e l'America conforme*, Castelvecchi, Roma 2013; *Chaos & Cyber Culture*, Ronin Publishing, Berkeley 2014; Timothy Leary e Ralph Metzner, *L'esperienza psichedelica*, Mondadori, Milano 2024; Dennis McKenna, *The Brotherhood of the Screaming Abyss: My Life With Terence McKenna*, Synergetic Press, Santa Fe 2023; Terence McKenna, *Il nutrimento degli dei*, URRA, Milano 2001; *Vere allucinazioni*, ShaKe, Milano 2008; *DMT. Conferenze, visioni e predizioni su come raggiungere il piano divino*, ShaKe, Milano 2015; Terence McKenna e Dennis McKenna, *Lo scenario invisibile. Mente, allucinogeni e I-Ching*, Spazio Interiore, Roma 2024

l'inventore della vasca di deprivazione sensoriale (vedi capitolo 7), Richard Wayne Bandler (1950), il creatore della programmazione neurolinguistica, e il mistico Baba Ram Dass (1931-2019), tanto per fare alcuni nomi.

I libri di tutti questi autori avvicinarono una parte sempre più vasta del pubblico all'idea che la "realtà" alla fine è solo un fenomeno mentale, che la materia non è poi così solida come sembra e che esistono molte altre realtà e molti altri mondi, raggiungibili nel momento in cui la nostra psiche si sposta anche solo di un passo fuori dalla sua abituale condizione di assoluta normalità. Tutti argomenti che divennero accessibili a un pubblico molto variegato che non aveva la minima intenzione di sperimentare in prima persona sostanze psicotrope o altre forme di alterazione della coscienza.

Allo stesso tempo gli hippie, appassionati di tutto ciò che veniva dall'Oriente, fecero in modo che la nostra società venisse inondata di suggestioni asiatiche: pratiche come lo yoga, il controllo del respiro e del sonno, la meditazione in tutte le sue forme (che, come abbiamo visto, avevano già fatto breccia nel mondo dell'esoterismo europeo ai tempi di Crowley) divennero via via più popolari, contribuendo a diffondere ancor di più le idee che abbiamo già esposto: le straordinarie potenzialità della psiche e soprattutto dell'inconscio, la preminenza della mente sulla materia, la capacità intrinseca di ogni essere umano – se dotato degli strumenti idonei – di "riprogrammare" tanto se stesso quanto la realtà in cui è immerso quotidianamente.

Ma se si deve citare uno scrittore del periodo che influenzò più di ogni altro la nascita della Magia del Caos, la scelta non può che ricadere su Robert Anton Wilson (1932-2007).

Psicologo, filosofo, giornalista (fu anche direttore associato di *Playboy*), mistico, compositore, psiconauta, scrisse oltre trenta opere di saggistica e narrativa, sforzandosi principalmente di aiutare il pubblico a evadere dalle "gabbie mentali" create dall'illusione che le nostre convinzioni personali siano realtà universali. Nato a Brooklyn in una famiglia del ceto medio-basso (il suo nome di battesimo è Robert Edward Wilson), da bambino contrasse la poliomielite che lo lasciò zoppo e continuò a dargli problemi fino alla morte, ma che tuttavia non gli impedì né di esercitare una dozzina di professioni diverse né di diventare amico intimo di Timothy Leary, del già citato Richard Bandler (assieme al quale insegnò programmazione neurolinguistica), nonché di esponenti di primo piano della Beat Generation come William S. Burroughs (1914-1997) e Allen Ginsberg (1926-1997). Fiaccato dalla sindrome post-poliomielitica per una vita intera, dopo essersi sentito dare due mesi di vita al massimo dai suoi medici, scrisse sul suo blog il 6 gennaio 2007: "Guardo avanti senza dogmatico ottimismo ma anche senza paura [...] Perdonate la mia leggerezza, ma non riesco a prendere sul serio la morte. Mi sembra una cosa assurda."[25] Si spense serenamente cinque giorni dopo.

In campo letterario la sua opera più famosa è senza dubbio la *Trilogia degli Illuminati*[26], scritta in collaborazione con il giornalista Robert Shea (1933-1994) e pubblicata per la prima volta nel 1975. Si tratta di una sorta di thriller fantapolitico (ma è una definizione riduttiva e fuorviante) che segue le indagini di un detective di New York il quale, partendo dagli omicidi di John F. Kennedy, Robert F. Kennedy e Martin Luther King, finisce invischiato in una complicatissima trama a scatole cinesi fatta di teorie del complotto e società segrete, fra le quali spicca quella degli Illuminati del titolo della trilogia (che prendono spunto da una società segreta realmente esistita nella Germania del Settecento) con i suoi piani machiavellici per controllare il mondo e soggiogare la razza umana.

---

25 https://robertantonwilson.blogspot.com/2007/01/do-not-go-gently-into-that-good-night.html

26 Robert Anton Wilson e Robert Shea, *L'occhio nella piramide*, Shake, Milano 1995; *La mela d'oro*, Shake, Milano 1997; *Il Leviatano*, Shake, Milano 2000

La trama, decisamente contorta, alterna continuamente il piano della realtà con le allucinazioni e il dialogo interiore dei personaggi, mettendo in difficoltà il lettore che cerchi di distinguere "il vero dal falso", fino a rendere sostanzialmente inutile il concetto stesso di realtà. Nelle oltre settecento pagine della trilogia completa sono trattati temi che spaziano dalla fantascienza alla satira sociale, dalla psicologia alla controcultura, dalla paranoia al controllo mentale, dall'occultismo alla numerologia. Tra i personaggi, appaiono persino i membri (reali e fittizi) della Società Discordiana, di cui parleremo tra poco, come sostenitori di un concetto che la Magia del Caos, che sarebbe nata di lì a qualche anno, farà proprio: la lotta del "disordine" inteso come libertà di essere, esprimersi e riplasmare continuamente la realtà contro un "ordine" che rappresenta il potere dittatoriale e invasivo, la repressione dell'immaginazione, la stagnazione grigia di un mondo sempre uguale a se stesso. L'arma principale di questa lotta è la "guerriglia ontologica" (*guerrilla ontology*)[27], ossia l'uso della comunicazione per esporre gli individui a idee radicalmente nuove, che provochino in loro una dissonanza cognitiva e li spingano a mettere in dubbio i loro sistemi di credenze e valori (come vedremo più avanti, con questo concetto siamo già in pieno pensiero caosiano).

Gli stessi temi si rintracciano anche nella variegata produzione saggistica di Wilson (la cui lettura è senz'altro consigliata a chi si interessa di Magia del Caos[28]), in particolare nei testi dedicati al modello della coscienza a otto circuiti[29] (originariamente elaborato da

---

27 Il nome in questa forma appare per la prima volta in Robert Anton Wilson, *Illuminati Papers*, Ronin Publishing, Berkeley 1986

28 In italiano è stata tradotta solo una piccola parte delle opere di Wilson: oltre ai titoli già citati, potete fare riferimento a Robert Anton Wilson *Sex Drugs & Magick. I sentieri proibiti della trascendenza*, Edizioni Spazio Interiore, Roma 2021. In inglese quasi tutte le sue opere sono state ripubblicate in anni recenti dall'americana Hilaritas Press.

29 Robert Anton Wilson, *Prometheus Rising*, Hilaritas Press, Grand Junction 2016; *Quantum Psychology*, Hilaritas Press, Grand Junction 2016

Timothy Leary) e all'autoprogrammazione della mente, e nella trilogia *Cosmic Trigger*,[30] sorta di autobiografia filosofica dell'autore.[31]

Tra i lettori di Wilson, circolava all'epoca, sulle due sponde dell'Atlantico e nel resto degli USA del materiale affine. In California, due peculiari esponenti dell'ambiente della controcultura, conosciutisi sui banchi di scuola – il programmatore Greg Hill (1941-2000) e il giornalista Kerry Wendel Thornley (1938-1998) – per loro divertimento personale diedero vita nel 1965 a un movimento chiamato Società Discordiana o Discordianesimo.[32] Quello che avrebbe dovuto essere "una religione che sembra uno scherzo, o uno scherzo che sembra una religione", nelle parole dei suoi stessi creatori, si presentava come un culto del Caos personificato nella figura di Eris, la dea greca del disordine e del conflitto (Discordia nella versione latina) che, secondo il mito, fece rotolare una mela d'oro nel mezzo del banchetto di nozze tra Peleo e Teti, provocando una feroce contesa tra le dee dell'Olimpo su chi avesse dovuto possederla essendo la più bella, il che in ultima analisi avrebbe dato origine alla guerra di Troia.

I due fondatori del movimento, che si celavano sotto gli pseudonimi di Malaclypse il Giovane (a volte indicato come Mal-2) e Omar Khayyam Ravenhurst (o Lord Omar), riunirono i principi fondamentali del "culto" in un libretto intitolato *Principia Discordia*,

30 Robert Anton Wilson, *Cosmic Trigger I: Final Secret of the Illuminati*, Hilaritas Press, Grand Junction 2016; *Cosmic Trigger II: Down to Earth*, Hilaritas Press, Grand Junction 2019; *Cosmic Trigger III: My Life After Death*, Hilaritas Press, Grand Junction 2019

31 Oltre ai titoli citati finora aggiungerei per completezza Robert Anton Wilson *Coincidance*, Hilaritas Press, Grand Junction 2018; *Ishtar Rising*, Hilaritas Press, Grand Junction 2020; *The New Inquisition: Irrational Rationalism and the Citadel of Science*, Hilaritas Press, Grand Junction 2020.

32 Il miglior testo per ricostruire la storia del Discordianesimo è senza dubbio Adam Gorightly, *Historia Discordia. The Origins of the Discordian Society*, RVP Press, New York 2014. In italiano si può fare riferimento anche a Massimo Introvigne, *Il cappello del mago. I nuovi movimenti magici, dallo spiritismo al satanismo*, Sugarco Edizioni, Milano 1990, pp. 356-357.

che originariamente circolava in copie ciclostilate tra i loro amici e solo in seguito fu dato alle stampe.[33] Lo scopo evidente del gioco era, almeno all'inizio, deridere le religioni tradizionali e in particolare il fanatismo, sottolineandone l'assurdità e gli aspetti più irrazionali, e più in generale incoraggiare il pubblico a vivere con maggiore leggerezza e fantasia, in accordo con il pensiero della controcultura.

Il Caos incarnato dalla dea non è semplice disordine privo di scopo, quanto piuttosto la libera creatività umana e l'allegra natura magmatica della realtà che, se abbracciata senza preconcetti, ha la capacità di sorprenderci costantemente. In questo senso Eris, che da figura secondaria nel mito greco assurge a divinità cosmica (una vera e propria incarnazione della Grande Madre, se vogliamo), si oppone alla forza che le è speculare, l'Ordine inteso come grigiore, ripetizione ossessiva, mancanza di fantasia e, spostandoci sul piano sociale, l'oppressione del potere politico e del conformismo. Anche questa forza avversa ha una personificazione, che i discordiani chiamano *Greyface* (Faccia Grigia o a volte Grigiaghigna): il nemico mortale di Eris, vissuto sotto le spoglie di un uomo mortale nel XII secolo, durante il quale avrebbe tentato (e tenta tutt'ora) di convincere l'umanità che la vita è una cosa serissima e che divertirsi è male.

Come simboli del loro movimento Malaclypse il Giovane e Omar Khayyam Ravenhurst scelsero la mela d'oro, ovviamente associata a Eris, e l'ottagono, figura geometrica che rimanda alle otto direzioni della rosa dei venti e, per estensione, all'idea della libertà di potersi muovere in tutte le direzioni esistenti. In un momento successivo l'ottagono – forse per influenza delle opere dello scrittore fantasy inglese Michael Moorcock – si sarebbe poi trasformato in una stella formata

33 Da allora è stato ripubblicato innumerevoli volte e oggi è scaricabile online in forma gratuita, anche in traduzione italiana. In inglese un'edizione facilmente reperibile è Malaclypse the Younger e Omar Khayyam Ravenhurst, *Principia Discordia. How I Found Goddess And What I Did To Her When I Found Her*, Forgotten Books, Londra 2008.

da otto frecce, simbolo con il medesimo valore ma con un significato più evidente. Di lì a poco la Magia del Caos se ne sarebbe appropriata per farne il proprio emblema principale, come avrebbe fatto propri vari altri elementi discordiani tra cui la valutazione positiva del Caos (il movimento magico stesso probabilmente non avrebbe assunto la sua denominazione senza la Società Discordiana), l'insistenza sulla relatività del "reale" e persino il potere trasformativo dell'umorismo.

Per una decina d'anni il giocoso materiale discordiano circolò soprattutto in forma privata o parzialmente pubblica, arricchendosi di simboli, di dogmi, di santi (che possono essere di due tipi, ossia esseri umani vissuti realmente e personaggi immaginari: ovviamente solo i secondi possono assurgere al livello più alto di santità, Santo di Prima Classe) e persino di una gerarchia interna. Le cose cominciarono a cambiare quando Robert Anton Wilson, conosciuti i due, inserì la Società Discordiana e persino gli stessi Mal-2 e Lord Omar come personaggi nella sua *Trilogia degli Illuminati* (per un certo periodo circolò persino la voce che sotto lo pseudonimo di Malaclypse il Giovane si celasse lo stesso Wilson).

Tutto ciò portò di nuovo alla ribalta il Discordianesimo e la popolarità del movimento andò aumentando nel corso degli anni finché "accadde l'inevitabile", ovvero il movimento cominciò a essere preso sul serio e trattato come una vera e propria religione. D'altronde era l'epoca in cui la spiritualità politeista riprendeva vigore e nascevano i primi movimenti religiosi neopagani (il più importante, la Wicca, era nato poco prima, nel 1954), dunque è comprensibile che negli ambienti che reagivano alla cultura di massa si respirasse una certa aria. All'inizio del XXI secolo, ovvero una quarantina d'anni dopo la prima pubblicazione dei *Principia Discordia*, dichiararsi discordiano in senso religioso era già diventata un'affermazione perfettamente accettabile.[34] Lo stesso Greg Hill già nella quarta edizione dei

---

34 David Chidester, *Authentic Fakes: Religion and American Popular Culture*, University of California Press, Berkeley 2005, pp. 190–212.

Principia Discordia (1970) aveva affermato che Mal-2 fosse una vera e propria entità esterna che Eris aveva fatto manifestare dentro di lui per "dettargli" i suoi scritti sacri, ma, come in quasi tutto quello che riguardava il personaggio, è difficile stabilire quanto le sue parole avessero un qualche fondamento[35].

Prima di voltare la pagina sul Discordianesimo, vale la pena di parlare del secondo fondatore del movimento, Kerry Wendel Thornley. Giornalista impegnato e attivista della controcultura, a vent'anni, nel biennio 1958-59, si arruolò nei marines per poi ritrovarsi nello stesso reparto di Lee Harvey Oswald, il futuro assassino di J. F. Kennedy. I due, condividendo gli stessi interessi, divennero amici. Dopo l'omicidio del presidente, nel 1963, Thornley fu chiamato a testimoniare davanti alle autorità per un paio di volte: un episodio di poco conto, che tuttavia lo risucchiò lentamente in una spirale di paranoia alimentata da teorie complottiste, degna di un romanzo di Wilson.[36] Per tutta la seconda metà della sua vita, ossia più di un trentennio, Thornley credette di essere spiato da agenti di non meglio precisate agenzie, che in qualche occasione lo avrebbero avvicinato per interrogarlo su argomenti scomodi. Con l'andare del tempo la sua paranoia crebbe fino a coinvolgere i suoi amici e chiunque gli stesse intorno, al punto che ne era totalmente posseduto al momento della sua morte per attacco cardiaco nel 1998 (il collega Greg Hill, invece, visse una vita relativamente tranquilla e morì di cancro nel 2000). L'esistenza di Thornley rappresenta in definitiva una sorta parabola oscura, un monito sui possibili effetti devastanti del contatto con le forze del Caos.

---

35 Negli ultimi cinquant'anni il Discordianesimo come movimento ha prodotto una serie di scritti. Se siete interessati, potete trovare la lista su Wikipedia: https://en.wikipedia.org/wiki/List_of_Discordian_works.

36 Adam Gorightly, *The Prankster and the Conspiracy: The Story of Kerry Thornley and How He Met Oswald and Inspired the Counterculture*, Paraview Press, New York 2003.

Nel contempo, in America e nell'Europa occidentale, accanto a questi fermenti che sovente lo influenzavano, perdurava un *milieu* esoterico dominato da due correnti principali: da un lato il movimento neopagano, guidato dalla Wicca, dall'altro il pensiero magico erede di Aleister Crowley. Una delle poche "voci fuori dal coro" in termini di teoria e pratica della magia apparteneva a un nome che poi si sarebbe legato indissolubilmente alla Magia del Caos, essendone di fatto un precursore: Ramsey Dukes, al secolo Lionel Snell (1945).

Nato in un villaggio dell'Hertfordshire, laureato in Matematica a Cambridge e membro dell'O.T.O., Dukes nella sua carriera durata quasi mezzo secolo ha pubblicato vari testi nei quali, già prima che il pensiero caosiano trovasse una sua identità, tentava con audacia e con rigore di amalgamare le tradizioni esoteriche del passato con il razionalismo contemporaneo. Il suo primo libro, dal curioso titolo *SSOTMBE: An Essay on Magic, Its Foundations, Development and Place in Modern Life*,[37] che analizzava in chiave scientifica le teorie di Crowley e Spare, attirò l'attenzione del più importante tra i fondatori della Magia del Caos (lo vedremo nel prossimo capitolo) e tra i due nacque un'amicizia che dura ancora oggi ed è sfociata in innumerevoli collaborazioni.

In un suo libro successivo[38] (1987), probabilmente il più filosofico tra i suoi lavori, Dukes prende in seria considerazione l'ipotesi che la realtà in cui viviamo sia una simulazione creata da forze esterne, e ne analizza le possibili conseguenze, soprattutto nel campo della magia: una tematica che oggi è molto nota ma che a metà degli anni Ottanta, oltre un decennio prima del primo film della serie *Matrix*, era potentemente innovativa. Nel 2015 Dukes aprì un canale YouTube, tutt'ora attivo e regolarmente aggiornato.[39]

---

37 La prima edizione, del 1974, è oggi introvabile. È invece reperibile la successiva edizione ampliata: Ramsey Dukes, *SSOTMBE revised*, The Mouse That Spins, England 2022.

38 Ramsey Dukes, *Words Made Flesh*, 2nd ed., The Mouse That Spins, England 2003.

39 Vedi le Risorse Online alla fine del volume.

A questo punto, fatte tutte le debite premesse (lunghe ma necessarie), è arrivato il momento di introdurre le nostre star: Peter J. Carroll e Ray Sherwin.

2.4. La nascita del Caos

Peter J. Carroll nasce nel 1953 a Patching, nel West Sussex; Ray Sherwin nel 1952 a Bradford, nel West Yorkshire. Cresciuti lontano l'uno dall'altro, si sarebbero conosciuti solo da ventenni.[40]

Carroll frequenta le scuole superiori a Londra e si laurea in Chimica presso il Queen Mary's College (sarà poi per quasi tutta la vita insegnante di Chimica alle superiori). Fin da adolescente è interessato alla cultura hippie e al mondo dell'esoterismo, e frequentando alcune conferenze private su argomenti occulti allaccia una serie di amicizie che sfoceranno nella nascita di un gruppo di studio chiamato *Stoke Newington Sorcerers* (gli "Stregoni di Stoke Newington"). Sherwin, che al college studia Lettere, manifesta a sua volta interessi simili e li palesa tra l'altro con un viaggio di studio in Egitto e con l'adesione alla Chiesa di Scientology per qualche anno.

L'incontro tra i due avviene nel 1974 a una riunione degli *Stoke Newington Sorcerers*, che in quel periodo cercano di allargare le proprie frequentazioni pubblicando annunci su riviste specializzate per entrare in contatto con persone che nutrivano interessi affini ai loro, affermando di voler fondare un gruppo esoterico ispirato alla Golden Dawn. Tra le persone interessate c'è il già citato Lionel Snell, che ha appena pubblicato il suo classico *SSOTMBE* e che porta

40 La maggior parte delle informazioni riportate da qui in avanti vengono dallo stesso Peter Carroll, che le riferisce nel libro-intervista *Interview with a Wizard*, Mandrake of Oxford, Oxford 2022, scritto insieme a Ian Blumberg-Enge, e nel saggio *Seeds of Chaos*, scritto insieme a Jaq D. Hawkins e pubblicato nel volume *This Is Chaos*, Weiser Books, San Francisco 2025, pp. 17-28.

nel gruppo una copia del *Book of Pleasure* di Spare, suscitando l'immediato interesse di Carroll che la usa in vari esperimenti.

Come ho già detto, gli anni Settanta sono un periodo di grande fermento negli ambienti magico-esoterici dei paesi anglofoni (e non solo), alimentato anche dall'interesse mostrato dalla cultura hippie. L'O.T.O., che dopo la morte di Crowley si era molto ridimensionato, arrivando a contare solo poche dozzine di membri, sta riprendendo vita e vigore grazie anche alla ripubblicazione dei Tarocchi di Thoth ideati da Crowley e disegnati da Lady Frieda Harris, che riscuote grande successo. Analogamente in America si assiste alla rapida diffusione della Wicca gardneriana e della Chiesa di Satana fondata da Anton LaVey nel 1966 (un'altra realtà innovativa che promuove una visione "secolarizzata" e fortemente individualistica della magia), mentre il Discordianesimo si prepara al suo vero ingresso sulla scena: Carroll legge la *Trilogia degli Illuminati* di Wilson l'anno stesso della sua pubblicazione, il 1975, e Shea ne rimane profondamente colpito.

Nel 1976 gli *Stoke Newington Sorcerers* si sciolgono. Carroll si trasferisce a Deptford ma non interrompe né i suoi studi di magia né i contatti con Sherwin, che nel frattempo fonda una piccola casa editrice, la Morton Press, per pubblicare un periodico ispirato a Thelema intitolato *The New Equinox* (ovviamente, in omaggio all'*Equinox* dell'Argenteum Astrum). Entrambi profondamente immersi nel dibattito esoterico del momento, ma anche insoddisfatti da tutti gli approcci con cui entrano in contatto, decidono che occorre ripensare la magia fin dalle fondamenta, partendo dagli elementi comuni a tutte le dottrine esoteriche, anche quelle le cui origini si perdono nella notte dei tempi.

Tra il 1976 e il 1978 Carroll, oltre a pubblicare articoli sul giornale dell'amico, lavora alla stesura della prima versione di un testo che si sarebbe poi intitolato *Liber Null*,[41] il cui scopo è di fungere da manuale

41 *Liber*, "libro" in latino, dall'abitudine già crowleyana di indicare in questo modo i testi esoterici, e *Null* che in tedesco significa "zero". Il titolo del volume si potrebbe dunque interpretare come "Libro Zero".

operativo per un nuovo gruppo esoterico che lui e Sherwin hanno in mente di creare. L'annuncio di questa fondazione avviene nel 1978 sulle pagine del *New Equinox* e al gruppo viene imposto il nome di *Illuminates of Thanateros* ("Illuminati di Thanateros"), o IOT. Il nome deriva dalla fusione di Eros e Thanatos, Amore e Morte in greco antico, considerati fin dai tempi più remoti le due forze fondamentali e opposte di ogni esistenza: siccome però Eros indica anche l'amore carnale, Sesso e Morte si possono considerare anche il polo positivo e il polo negativo dell'illuminazione magico-esoterica, e possono venir dunque fusi in un'unica parola (peraltro la lettura di Wilson e Shea ha senz'altro influito sulla scelta del termine "Illuminati").

Subito dopo Carroll parte per un lungo viaggio di studio che lo porterà prima sull'Himalaya e poi in Australia, dopo aver affidato alla Morton Press di Sherwin la pubblicazione del *Liber Null* (la cosiddetta "edizione bianca"), che esce quasi in contemporanea a un testo dello stesso Sherwin dedicato alla magia dei sigilli: il *Book of Results*.

Tornato in Inghilterra nel 1980, Carroll si trasferisce nella stessa cittadina dello Yorkshire in cui abita Sherwin, East Morton: vi resta per un anno (per poi stabilirsi definitivamente a Bristol), durante il quale produce una seconda edizione rivista del *Liber Null* (la cosiddetta "edizione rossa") e scrive il suo secondo libro, intitolato *Psychonaut*. I due testi passeranno attraverso altre edizioni e verranno infine riuniti in un unico volume dall'editore americano Weiser nel 1987, andando a costituire l'edizione classica dell'opera[42] su cui si formeranno tutte le successive generazioni di praticanti della Magia del Caos. Il libro contiene già tutte le nozioni fondamentali della nuova pratica (che illustrerò in dettaglio nei prossimi capitoli), che da allora non sono mai cambiate, e pur non godendo ancora di grande diffusione provoca un certo scompiglio negli ambienti specializzati con il suo approccio nuovo e decisamente scientifico alla magia. Carroll ha sempre indicato le sue fonti basilari in Austin

42 Peter J. Carroll, *Liber Null & Psychonaut*, Weiser Books, San Francisco 1987.

Osman Spare e in Samuel Liddell MacGregor Mathers, uno dei fondatori della Golden Dawn[43]. Nel contempo ha sempre minimizzato le evidenti influenze di Crowley (verso il quale non nasconde una certa antipatia).[44] Del resto, come osserva il mago spagnolo Carlos Atanes, i praticanti caosiani hanno sempre avuto l'infondata tendenza a marginalizzare l'apporto di Crowley.[45]

Negli anni successivi gli IOT, sotto la sola direzione di Carroll (Sherwin si ritira molto presto dal gruppo per disaccordi sulla struttura dell'organizzazione) si radicano prima in Inghilterra e poi in Germania, Austria, Svizzera, Australia e infine, nel 1988, negli Stati Uniti. Quello che all'inizio era un gruppo eterogeneo di amici che si ritrovavano ogni tanto nello Yorkshire per discutere e praticare insieme ormai è a tutti gli effetti un'organizzazione esoterica internazionale (per quanto "rilassata" nella sua coesione interna) che conta centinaia di aderenti, tra i quali figurano personalità come Robert Anton Wilson, Timothy Leary e persino William Burroughs. Punto fermo del gruppo, che in questo vuole prendere nettamente le distanze dagli ordini iniziatici dell'Ottocento e del primo Novecento, è ammettere nuovi membri solo su base meritocratica, dopo aver esaminato le capacità magiche e pratiche di ciascuno, e mai su presentazione o raccomandazione da parte di un altro membro.

Nel 1986 Sherwin, che non fa più parte degli IOT pur non avendo rinnegato l'amicizia con Carroll e la causa caosiana, trasforma il suo *New Equinox* nel *Chaos International*, la prima rivista esoterica interamente dedicata alla Magia del Caos, che rimarrà in attività fino al 1999. Inoltre lui e Carroll organizzano il primo incontro internazionale degli IOT, il Chaos Symposium, che ha luogo a Leeds nel 1987 ed è considerato la data di nascita ufficiale dell'ordine. Con il passare degli anni Sherwin finirà per staccarsi dal mondo della

43 Carroll, *The Origins of Chaos Magic* in *This Is Chaos*, p. 5-8

44 Carroll & Blumberg-Enge, *Interview*, p. 79-81.

45 Carlos Atanes, *Magia del Caos per scettici*, Venexia Editrice, Roma 2024, p. 23-24.

magia dedicandosi ad altro (è deceduto nel 2023).[46] In questa occasione si decide anche il nome definitivo per il gruppo: *Patto degli Illuminati di Thanateros*, spesso indicato solo come "il Patto".

La prima metà degli anni Novanta vede la pubblicazione di testi importantissimi per il movimento come *Prime Chaos* e poi *Condensed Chaos* di Philip M. Hine (1963), meglio conosciuto come Phil Hine, noto occultista londinese entrato nella cerchia di Carroll già nei primi anni Ottanta. Le sue opere[47], risentono dell'influenza del pensiero Robert Anton Wilson e delle teorie della programmazione neurolinguistica (PNL), nonché della sua passione per H. P. Lovecraft e per il ciclo dei Miti di Cthulhu in particolare (vedi capitolo 6.). Hine va incontro a un grande successo, riceve il plauso di Burroughs e contribuisce alla diffusione della Magia del Caos. Anche Carroll nel 1992 pubblica per Weiser un nuovo testo, il *Liber Kaos*, in cui approfondisce le sue teorie e la sua visione del mondo[48].

2.5. Mago contro mago: la Guerra del Ghiaccio

Ma qualunque movimento, come insegna l'esperienza, per raggiungere la propria maturità ha bisogno di un grande nemico e di uno scisma interno. Entrambi aspettano al varco Carroll e gli IOT nel 1990, nella persona di Ralph Tegtmeier (1952)[49].

---

46 Carroll & Hawkins, *This Is Chaos*, p. 28.

47 Phil Hine, *Prime Chaos*, New Falcon Publications, Tempe, Arizona 1993; *Condensed Chaos*, New Falcon Publications, Tempe, Arizona 1995 (in italiano *Chaos Magick. Introduzione alla Magia del Caos*, Edizioni Spazio Interiore, Roma 2024); *The Pseudonomicon*, New Falcon Publications, Tempe, Arizona 2004.

48 Peter J. Carroll, *Liber Kaos*, Weiser Books, San Francisco 1992.

49 Per le informazioni che seguono, sulle quali – come si può capire – permane un certo grado di incertezza, mi sono basato soprattutto sul saggio di Piervittorio Formichetti *I fantasisti del sortilegio. La movimentata storia della Magia del Caos* contenuto in Atanes, *Magia del Caos per scettici*, p. 157-165 e su Carroll & Blumberg-Enge, *Interview*, p. 54-56.

Questi è un esoterista tedesco, di una certa fama all'epoca, proprietario di una libreria esoterica a Bonn e di una casa editrice, oltre che autore di numerosi testi, alcuni firmati con lo pseudonimo "Frater U.·.D.·." Entrato in contatto con Carroll alla metà degli anni Ottanta, aveva aderito al Patto contribuendo in seguito alla diffusione del movimento nell'area europea di lingua tedesca (Germania, Austria e Svizzera), grazie anche alla sua traduzione in tedesco del *Liber Null* .

I primi problemi nascono quando Carroll viene a conoscenza di una pratica, la *Eismagie* ("Magia del Ghiaccio"), di cui Tegtmeier è seguace da molti anni. Si tratta di una disciplina magica elaborata negli anni Settanta da un connazionale di Tegtmeier, l'occultista e maestro di arti marziali Helmut Barthel, che assembla elementi provenienti da ambiti molto diversi (Qi Gong cinese, psionica e arti marziali) per creare un programma di addestramento, sia magico sia marziale, particolarmente impegnativo. La disciplina deriva il proprio nome dal suo esercizio fondamentale: ai praticanti è richiesto di visualizzare mentalmente un panorama primordiale, quasi un'immagine del mondo all'epoca dell'ultima glaciazione, coperto da una grande quantità di ghiaccio da cui "attingere" l'energia psichica per operare magie.

Fin qui nulla di insolito, eppure proprio a questo punto le versioni dei fatti raccontate dai due protagonisti divergono, e non è facile per noi oggi stabilire la verità. All'origine della discordia ci sarebbe l'idea propugnata da Barthel secondo la quale solo gli individui di discendenza germanica o scandinava disporrebbero dei geni che detengono il potere di "ricavare energia dal ghiaccio primordiale" e quindi della capacità di usare questo tipo di magia.

L'idea rimanda alla leggenda dell'Ultima Thule, luogo mitico dell'estremo Nord nonché la patria originaria dei popoli germanici, di cui si appropriarono i nazisti per giustificare la teoria della superiorità della razza ariana i cui antenati, dovendo affrontare la vita in un ambiente estremo alla fine dell'ultima era glaciale, si sarebbero evoluti sul piano psico-fisico rispetto a tutte le altre razze.

Insomma, almeno secondo Carroll, le teorie di Barthel affondavano le radici in un suprematismo germanico di stampo nazista e la Magia del Ghiaccio era un "paranoico atavismo thuliano", come ha scritto lui stesso in un articolo intitolato *The Ice War* ("La Guerra del Ghiaccio"), pubblicato sul numero 23 di *Chaos International* nel 1997 (quindi vari anni dopo gli eventi) e che costituisce la nostra principale fonte di informazioni sulla sua versione dei fatti. La risposta di Tegtmeier sarebbe venuta in un libro intitolato proprio *Eismagie*, del 1996, in cui quest'ultimo afferma che, per quanto ne sa lui, nella teoria e nella pratica della Magia del Ghiaccio non sono mai esistiti rimandi al mito di Thule, al nazismo o alla politica in generale. Successivamente il poliedrico occultista avrebbe ripreso l'argomento nel 2004 in un lungo articolo-intervista scritto assieme allo psicologo Gerard Mayer.

Al di là di queste recriminazioni tardive, lo showdown tra Carroll e Tegtmeier in realtà si consuma nell'agosto del 1990, nel castello di Burg Plankenstein, in Austria, durante il quarto incontro internazionale degli IOT. I due contendenti arrivano entrambi armati di un memorandum scritto contro l'avversario: volano accuse, insulti e, almeno a detta di Carroll, si arriva quasi alla rissa (molti anni dopo Carroll, che non ha mai conosciuto di persona Barthel, ha confermato che se mai l'incontro fosse avvenuto sarebbe senz'altro finito a pugni).[50]

Carroll accusa Tegtmeier di voler assumere il controllo degli IOT e di voler introdurre pericolose dottrine segrete nella loro pratica. Tegtmeier nega le accuse, dicendo invece di voler abbandonare la direzione della sezione tedesca del Patto e accusando di rimando Carroll di delirio autoritario e paranoia germanofoba. Sembra addirittura che si verifichi tra i due – prima o dopo l'incontro, oppure in entrambe le occasioni – uno scambio di incantesimi malevoli[51].

---

50 Carroll & Blumberg-Enge, *Interview*, p. 56.

51 In *Interview* p. 54 Carroll afferma che la battaglia magica durò due anni.

Carroll nel suo articolo dichiara di essere arrivato all'incontro con delle "armi magiche" nello zaino e di aver evocato a propria difesa bellicose entità invisibili.[52]

Tegtmeier diserta il successivo incontro internazionale degli IOT e con lui un buon numero di affiliati tedeschi, austriaci e svizzeri. La loro assenza viene considerata a tutti gli effetti uno scisma: vengono tutti definitivamente "scomunicati" e con ciò si conclude la Guerra del Ghiaccio. Per lo zoccolo duro del Patto è comunque un colpo doloroso, perché si tratta della perdita di un buon 30% dei membri effettivi. Nei tre paesi di lingua tedesca esistono tutt'oggi gruppi indipendenti di Magia del Caos che chiamano se stessi "IOT rivoluzionari". Tegtmeier ne fa parte ma non ne è mai stato a capo. Sia lui che gli altri membri hanno sempre respinto qualunque accusa di filonazismo.

2.6. Dall'adolescenza degli anni Novanta alla maturità del presente

Carroll abbandona la guida degli IOT nel 1995 (l'annuncio ufficiale appare sul numero 12 di *Chaos International*):[53] di nuovo le motivazioni non sono del tutto chiare, ma sembrerebbe che agli occhi dello stesso fondatore il movimento sia diventato un po' troppo rigido e gerarchico e si sia quindi allontanato dallo spirito iniziale.

Il leader dimissionario comunque non smette di occuparsi di

52 L'episodio della guerra occulta combattuta a colpi di incantesimi, che visto dall'esterno tende a suscitare soprattutto divertimento, ha diversi antesignani nella storia dell'esoterismo occidentale. Il più famoso è probabilmente la rivalità che oppose nella Francia dell'Ottocento il già citato Stanislas de Guaita e un altro occultista dell'epoca, Joseph-Antoine Boullan, inviso al primo per le sue pratiche di magia sessuale. Tra i due scoppiò effettivamente uno scontro fatto di maledizioni e controincantesimi (almeno secondo Boullan) che i giornali dell'epoca battezzarono proprio "la Guerra dei Maghi". Sull'episodio potete vedere per esempio Massimo Introvigne, *Indagine sul satanismo. Satanisti e anti-satanisti dal Seicento ai giorni nostri*, Mondadori, Milano 1994, p. 115-119.

53 Carroll & Hawkins, *This Is Chaos*, p. 26.

magia, anzi i suoi studi si intensificano, sfociando in vari libri: nel 1996 pubblica *Psybermagick*[54], una raccolta (piuttosto eterogenea) di pensieri e suggerimenti per i praticanti di Magia del Caos, e nel 2008 *The Apophenion*,[55] che lui stesso definisce come una summa dei suoi esperimenti e delle sue riflessioni. Continua anche a insegnare, prevalentemente online tramite l'Arcanorium College, nato come forum ma in seguito trasformatosi in un servizio di *tutoring* privato (tutt'ora esistente[56]). Come parte dei lavori del forum pubblica anche il libro *Epoch* accompagnato da un mazzo di carte, i *Portals of Chaos*, che è stato ripubblicato in un nuova edizione quest'anno[57]. Sempre dalle attività del College nasce un nuovo gruppo di praticanti, i *Knights of Chaos* ("Cavalieri del Caos"), che ha come obiettivo preciso "combattere l'Apocalisse", ossia mette in atto rituali per tentare di risolvere i grandi problemi del mondo contemporaneo. Carroll guida il gruppo per qualche anno, poi l'impulso iniziale viene meno: sulla carta i Cavalieri esistono tutt'oggi, ma hanno sospeso le loro attività a tempo indeterminato.[58]

Nel 2010 Carroll dà alle stampe *The Octavo*, che lo stesso sottotitolo definisce *A Sorcerer-Scientist's Grimoire*: "Il Grimorio di uno Stregone-Scienziato."[59] È un testo di piccole dimensioni e di non facile lettura, denso tanto di formule magiche quanto di formule matematiche, in cui l'autore condensa una vita intera di riflessioni sui collegamenti tra magia, fisica, chimica e cosmologia (nell'Appendice n. 1 sono descritti anche credo e rituali dei Cavalieri del Caos, in piena attività proprio in quel periodo).[60] A questa pubblicazione

54 Peter J. Carroll, *Psybermagick*, New Falcon Publications, Tempe, Arizona 1996.
55 Peter J. Carroll, *The Apophenion*, Mandrake of Oxford, Oxford 2008.
56 https://www.specularium.org/arcanoriumcollege
57 Peter J. Carroll, *Epoch*, Mandrake of Oxford, Oxford 2025 (ed. originale Arcanorium College 2014).
58 Carroll & Blumberg-Enge, *Interview*, p. 44-45.
59 Peter J. Carroll, *The Octavo*, Mandrake of Oxford, Oxford 2010.
60 Carroll, *The Octavo*, p. 143-161.

segue un periodo di silenzio durato anni, tanto che si era cominciato a pensare che Carroll si fosse ritirato del tutto dalla vita pubblica e dalla scena esoterica. Solo nel 2022 il nostro, ormai settantenne, riappare con il già citato *Interview with a Wizard*, libro-intervista realizzato insieme a Ian Blumberg-Enge, e nel 2025 cura per Weiser la raccolta di saggi intitolata *This Is Chaos*.

Dopo le sue dimissioni gli IOT, che nel frattempo si sono espansi in nuovi paesi (Danimarca, Olanda, Bulgaria, Brasile), proseguono le loro attività e diventano sempre più popolari sulla scena esoterica internazionale grazie a divulgatori molto prolifici come Dave Lee, direttore di *Chaos International* e autore di *Chaotopia! Sorcery and Ecstasy in the Fifth Aeon*[61] (libro pieno di idee interessanti e certamente consigliato), e Julian Vayne, eclettico autore di *Magick Works* e di *Getting Higher: The Manual of Psychedelic Ceremony*[62], su cui avremo modo di tornare nella sezione dedicata alla Gnosi. L'organizzazione esiste tutt'oggi[63] e con il passare degli anni la selezione di nuovi adepti si è fatta ancor più rigida: oggi è particolarmente difficile entrare a farne parte (e immagino che chi la vide nascere come un'anarchica alleanza di giovani maghi decisi a esplorare le infinite direzioni del Caos avrebbe qualcosa da ridire al riguardo...)

Lo spazio che finora ho dedicato agli Illuminati di Thanateros (imprescindibile, data la loro importanza potrebbe far pensare che fossero e/o siano l'unico gruppo organizzato di praticanti di Magia del Caos in circolazione: nulla di più sbagliato. Fin dai primi anni Ottanta, quando le idee di Carroll e Sherwin cominciarono a circolare nel mondo

---

61 Dave Lee, *Chaotopia! Sorcery and Ecstasy in the Fifth Aeon*, Mandrake of Oxford, Oxford 2006. L'elenco delle altre pubblicazioni dell'autore e molto altro materiale si possono trovare nel suo sito web (vedi Risorse Online a fine volume)

62 Julian Vayne, *Magick Works*, Mandrake of Oxford, Oxford 2008; *Getting Higher: The Manual of Psychedelic Ceremony*, Psychedelic Press, Londra 2017.

63 È contattabile per esempio tramite il sito della sezione americana: https://iotna.thanateros.org.

esoterico alternativo, iniziarono a nascere associazioni indipendenti che discutevano, studiavano e praticavano collettivamente la nuova forma di magia, e a ben vedere è proprio a questa costellazione di aggregati che si deve la prima diffusione semiclandestina, e poi sempre più scoperta, della Magia del Caos nel mondo della cultura pop.

Tra i primissimi ci furono gli *Invisible Illuminati* e lo *Z-Cluster*, entrambi in Inghilterra. Esisteva anche una rivista meno nota di *Chaos International* chiamata *Konton* e il sito chaosmagic.com (oggi non più online), che rappresentavano punti d'incontro importanti per gli adepti della prima generazione[64]. Il caso più rilevante, però, è senz'altro *Thee Temple ov Psychick Youth* ("Il Tempio della Gioventù Psichica", scritto in maniera volutamente errata), o TOPY, fondato nel 1981 (quindi prestissimo nella storia della Magia del Caos) dai membri delle band musicali inglesi Coil, Current 93 e soprattutto Psychic TV, il cui leader Genesis P-Orridge (1950-2020), all'epoca un'autentica icona del mondo *queer*, assunse fin da subito il ruolo di guida del Tempio. Oltre a essere un collettivo musicale le cui diramazioni si diffusero anche in altri paesi (Italia inclusa), il TOPY praticava pubblicamente la magia dei sigilli e altre forme di Magia del Caos, pubblicava libri[65] su argomenti non solo occulti e promuoveva la diffusione di concetti esoterici nel mondo della musica.

Con la fuoriuscita di Genesis P-Orridge nei primi anni Novanta, il gruppo non si sciolse ma si orientò verso altri interessi. Nel complesso la sua attività si protrassero per lo spazio di un decennio eppure le conseguenze riecheggiano ancora oggi: una delle più evidenti è il fatto che del TOPY fece parte per un certo periodo Grant Morrison[66] (1960), celeberrimo autore di fumetti scozzese che non ha mai nascosto le sue

64 Jaq D. Hawkins, *The Chaonomicon*, Goblin Publishing, Buckinghamshire 2017, p. 28.

65 Ne trovate una lista alla pagina https://en.wikipedia.org/wiki/Thee_Temple_ov_Psychick_Youth.

66 Se volete interessarvi di Magia del Caos non potete non conoscere Grant Morrison. Se non sapete chi è, almeno la lettura della relativa pagina di Wikipedia è fortemente consigliata: https://it.wikipedia.org/wiki/Grant_Morrison.

pratiche caosiane, anzi si può dire che nessuna celebrità ha mai pubblicizzato più di lui la Magia del Caos presso il grande pubblico.

Sarebbe troppo lungo anche solo elencare in questa sede le tante opere della sua sterminata produzione in cui vengono toccati questi temi: basterà citare la più significativa, ovvero la serie a fumetti *The Invisibles*[67], pubblicata dal 1994 al 1999, in cui ritroviamo tutte le tematiche di cui abbiamo parlato finora, dalla lotta di un gruppo segreto di maghi contro una "falsa realtà" imposta all'uomo da tiranni occulti alla celebrazione del Caos come forza primordiale e liberatrice, all'uso proprio di quei simboli e di quelle forme di magia che stiamo imparando a conoscere. Morrison attinge a un immenso bacino di fonti che non si fermano certo a Carroll ma spaziano da George Orwell a Austin Osman Spare, da Crowley a Michael Moorcock, da John Lennon alla mitologia di H. P. Lovecraft e di una dozzina di culture diverse, oltre a creare un mondo, crea un'estetica ben riconoscibile, che di lì a poco sarebbe stata abbondantemente ripresa – insieme a parecchie tematiche – dai film della serie *Matrix*.

In più occasioni Morrison ha spiegato che la serie *The Invisibles* non era solo influenzata dai temi della Magia del Caos ma era essa stessa un incantesimo, un "Iper-Sigillo" che aveva come scopo modificare la vita reale di Morrison stesso (non a caso il protagonista della storia, King Mob, ha le fattezze dell'autore). Nel suo libro *Supergods. Our World in the Age of the Superhero* è lui stesso a raccontare nei dettagli i retroscena della vicenda, incluso il momento in cui l'incantesimo gli sfuggì di mano e rischiò persino la morte, ovvero quando il personaggio del fumetto venne contaminato da un batterio letale e contemporaneamente Morrison finì in ospedale per una patologia molto simile[68]. Questa e altre sue esperienze

---

67 In italiano si trova la serie riunita in volume unico: Grant Morrison, *The Invisibles*, Panini Comics, Modena 2020.

68 Grant Morrison, *Supergods. Our World in the Age of the Superhero*, Random House, Londra 2011 (in italiano *Supergods*, Bao Publishing, Milano 2013), p. 282-284.

con la Magia del Caos sono raccontate anche nell'affascinante documentario biografico *Grant Morrison: Talking with Gods* del 2010, distribuito da Halo-8 Entertainment[69].

Ma ben prima di queste rivelazioni Morrison aveva già "scoperto le carte" quando, dopo che i primi numeri di *The Invisibles* non avevano venduto bene, nell'editoriale di un numero del fumetto pubblicò un sigillo da lui concepito e invitò i lettori a "caricarlo" per cercare di incrementare le vendite.

In chiusura della nostra carrellata storica è doveroso citare anche un altro gigante del mondo dei fumetti, l'inglese Alan Moore[70] (1953), che ha all'attivo una bibliografia più vasta persino di quella di Morrison e che come quest'ultimo non ha mai nascosto i propri interessi esoterici, che filtrano un po' in tutta la sua opera ma sono particolarmente evidenti nella serie intitolata *Promethea*, pubblicata tra il 1999 e il 2005.

Le influenze di Moore, che negli anni Novanta fondò anche un collettivo di occultisti e performer chiamato *The Moon and Serpent Grand Egyptian Theatre of Marvels* ("Il Grande Teatro Egizio delle Meraviglie della Luna e del Serpente"), sono in genere più "classiche" di quelle di Morrison – in *Promethea* risaltano soprattutto elementi della Cabala e della magia cerimoniale – e il rapporto che mostra in pubblico con l'occultismo ha un tono più serio rispetto a quello dei caosiani (ragione per la quale Morrison lo prende spesso in giro: la rivalità tra i due è ben nota). Eppure non mancano nemmeno in lui spunti che fanno pensare fortemente al mondo della Magia del Caos. Ad esempio, la divinità tutelare che ha scelto per la sua pratica magica è Glicone, un dio-serpente il cui culto nacque nel II secolo nella parte orientale dell'Impero Romano a

---

69 Lo si può vedere interamente su YouTube: https://www.youtube.com/watch?v=8ZcflWe6Fhc.

70 Quanto detto su Grant Morrison vale altrettanto per Alan Moore: https://it.wikipedia.org/wiki/Alan_Moore.

seguito di una truffa, quando un imbroglione di nome Alessandro di Abotunico turlupinò un gran numero di persone facendo loro credere di essere in grado di ricevere oracoli taumaturgici dal dio nella sua forma fisica, che era in realtà un fantoccio animato da un complice. Tuttavia anche dopo la scoperta dell'inganno il popolino continuò a credere nel dio e il suo culto si diffuse anche in altre regioni dell'impero.

Nello scegliere una divinità palesemente "inventata" come oggetto della sua devozione, Moore vuole sottolineare che la fonte del potere di tutti i simboli religiosi è l'essere umano e che qualunque dio può "funzionare": un concetto che, come vedremo meglio, appartiene in toto alla Magia del Caos.

3. UN PO' DI TEORIA...

Il capitolo che segue è con ogni probabilità il più "pesante" dell'intero libro, ma è anche assolutamente imprescindibile: una volta afferrati i principi su cui si basa la Magia del Caos, ogni sua applicazione vi risulterà semplice da decodificare, agevole da mettere in pratica e anche divertente. Senza la comprensione della teoria vi ritrovereste solo a compiere gesti e rituali che per voi non significano granché. Quindi vi chiedo di armarvi di un po' di pazienza e di seguirmi in questo piccolo labirinto.

3.1. L'assunto fondamentale

Ciò che comunemente si chiama realtà è frutto di un accordo tra più parti. Questo è in sostanza l'unico assunto che la Magia del Caos vi chiede di accettare a priori, poiché costituisce la base di tutto il suo impianto teorico.

Prendete come esempio un gioco qualsiasi: gli scacchi, la briscola, ma anche il semplice nascondino, come pure il più complesso e sofisticato videogioco mai concepito dalla mente umana. Il punto di partenza è sempre costituito da due o più persone che siedono a un tavolo (a volte metaforicamente, a volte realmente) e si accordano su quali debbano essere le regole. Quelle del nascondino si stabiliscono in pochi secondi e si memorizzano con facilità, quelle di un videogioco richiedono una lunghissima elaborazione e vanno poi trasformate in codici e programmi, ma il risultato finale è lo stesso: dall'accordo stipulato tra tutti i creatori scaturisce un *qualcosa* che tutti possono usare, fintantoché ne rispettano le regole.

La nostra realtà funziona allo stesso modo, per tacito – o se preferite inconscio – accordo di tutti i partecipanti al gioco, ossia gli esseri umani.

Ora, immagino che tutti voi che mi state leggendo non abbiate problemi nell'accettare questo discorso, almeno da *alcuni* punti di vista, perlomeno da quello sociale. Sappiamo che qualunque gruppo di persone, dalla singola famiglia alla società nel suo complesso, stabilisce le proprie regole di convivenza e decide che cosa è lecito al suo interno e che cosa non lo è, ossia le proprie leggi. Ma, ancora di più, decide anche *che cosa è vero e che cosa è falso* per le persone che ne fanno parte: nel medioevo europeo, per esempio, il cristianesimo era la fede religiosa dominante e pressoché tutti i membri di quella società (con eccezioni molto rare) credevano a Dio, al Diavolo, ai miracoli e ai santi come a cose assolutamente reali. Anche al di fuori del contesto religioso, un popolo può scegliere di adottare determinate credenze relative alla propria nascita, al proprio modo di vivere e al modo di vivere dei propri nemici (le cosiddette ideologie nazionali).

Per citare un'espressione che mi piace molto e che ho sentito usare in vari contesti: *la verità è un oggetto socialmente negoziato*, cioè concordato a livello sociale.

Ma, obietterete voi, *verità* e *realtà* non sono la stessa cosa. Io posso essere convinto della verità di qualcosa perché indotto a crederci dalle mie convinzioni o dai dati che ho a disposizione, ma questo qualcosa può essere comunque falso, non corrispondente alla realtà dei fatti o alla verità di qualcun altro. Se tu mi menti su qualcosa e io ti credo senza riserve, la mia verità e la tua non combaciano, anche se entrambi siamo sicuri di sapere che cosa è vero.

Il punto è che, dato il modo in cui è costituita la nostra esistenza, la realtà dei fatti – ammesso che sia possibile per noi conoscerla –

ci tocca molto meno di quanto non facciano le nostre convinzioni rispetto ad essa.

Di nuovo obietterete voi, le leggi fisiche che governano l'universo esistono indipendentemente dalle mie opinioni e agiscono che mi piaccia o no: se mi lancio fuori dalla finestra di casa sbattendo le braccia andrò a schiantarmi tra i cespugli del giardino, a prescindere da quanto io sia convinto di poter volare. Il che è certificato da un dato della realtà che ben conosciamo tutti: la forza di gravità.

Ed è proprio qui che si origina il pensiero fondamentale che alimenta la Magia del Caos: io non vi chiedo di non credere alla forza di gravità (ci mancherebbe altro), ma vi chiedo di accettare che *anche* fenomeni come le leggi fisiche dell'universo sono frutto di un accordo tra individui coscienti. O, se preferite, che l'esistenza è un gioco di cui tutti insieme abbiamo deciso le sue regole, incluse quelle che ci sembrano esistere al di là della nostra realtà.

È la verità? È così che è nato l'universo ed è questa la ragione per cui le cose sono come sono?

Io per primo non lo so. Nessuno, allo stato attuale della conoscenza umana, lo sa o può scoprirlo. Ma io vi invito a *fare come se fosse così*. Vi invito ad accettare – anche temporaneamente, se volete – questa spiegazione come quella autentica: è l'ipotesi di lavoro che vi permetterà di usare la magia come uno strumento.

3.2. Il Consenso e il Paradigma

Ritorniamo ora all'idea iniziale che la realtà – anzi *una* realtà, poiché possono esisterne molte diverse – sia il risultato di un accordo tra più parti. Nel gergo caosiano questo accordo viene chiamato *Consenso* (il termine si spiega da sé) e il suo risultato, ovvero l'insieme delle regole che costruiscono una realtà, viene chiamato *Paradigma*, espressione che in greco antico significava "mostrare le cose l'una accanto all'altra", ovvero "modello", "schema", "punto di riferimento", per noi oggigiorno. È una parola che nel mondo contemporaneo si usa in diversi campi del sapere, dalla scienza alla linguistica, fino alla filosofia: la magia postmoderna è solo l'ultimo ambito ad averlo preso in prestito.

Avrete già intuito che può esistere un numero virtualmente infinito di paradigmi e che ogni individuo cosciente ne possiede almeno uno personale (spesso più di uno), poiché tutti abbiamo un'idea tutta nostra di che cos'è la realtà e per crearla ci basta avere Consenso con noi stessi. Allo stesso tempo, tutti viviamo immersi in uno o più paradigmi più grandi, figli del Consenso di moltissime persone, che costituiscono la nostra società e il nostro mondo e che ciascuno trova un modo per conciliare con le sue convinzioni personali.

La società occidentale di oggi, per esempio, ha generato almeno dalla fine del XVIII secolo un paradigma basato sul metodo scientifico, che non contempla la necessità di un Dio creatore per l'esistenza dell'universo e postula invece la presenza di leggi naturali immutabili che la ragione umana può indagare e piano piano decifrare. Allo stesso tempo, però, un italiano di oggi educato nella religione cattolica può benissimo credere alla realtà di Dio e persino di fenomeni cosiddetti "soprannaturali" come i miracoli, pur senza per questo smettere di credere nella validità della scienza e della tecnologia. Semplicemente, troverà il modo per integrare dentro di sé questi due paradigmi perché coesistano senza contraddirsi: sotto questo aspetto la mente ha una capacità di autoprogrammazione a dir poco stupefacente.

Come tutti gli esseri umani, anche i maghi hanno coltivato i loro vari paradigmi sul funzionamento della magia, che sono cambiati moltissimo da epoca a epoca e da cultura a cultura. Nel medioevo cristiano a cui accennavo sopra, e poi ancora durante il Rinascimento, era normale credere che certi individui speciali, grazie alla loro immensa fede, avessero accesso diretto a entità sovrumane come

Dio, la Madonna o gli angeli, che potevano produrre a loro richiesta prodigi capaci di alterare le normali leggi della natura, ossia i miracoli. Analogamente, si credeva anche nell'esistenza del Diavolo e degli angeli caduti, che a loro volta potevano operare malefici in favore di chi si votava al male anziché a Dio, ovvero le streghe e gli stregoni.[71] Tutte queste credenze, raggruppate, arrivavano a costituire un paradigma: l'elenco delle regole che spiegavano l'esistenza e il funzionamento della magia.

Similmente nell'antichità classica, in cui si credeva che a operare prodigi fossero solo gli Dèi, si pensava che le divinità potevano essere convinte, lusingate o persino costrette a esaudire le richieste dei mortali tramite precise formule magiche, sacrifici o complicati rituali.

Nelle tradizioni magiche praticate oggi quest'idea non è affatto scomparsa. Si pensi al Vudù, un sistema magico-religioso abbastanza diffuso nel nostro mondo, basato sull'adorazione di entità spirituali, i Loa, che possono essere indotti a intervenire sul mondo materiale "dall'esterno". Tale concezione, tuttavia, si affianca ad altri paradigmi più moderni che spiegano la magia come un possibile effetto della mente umana sulla realtà o come l'applicazione empirica di leggi naturali che la scienza ufficiale non ha ancora scoperto o analizzato[72].

La Magia del Caos e in generale tutto il pensiero magico postmoderno rientrano a buon diritto in quest'ultimo gruppo, e ora vedremo come in maniera più specifica.

---

71 Ho semplificato ai limiti dell'errore una situazione in realtà molto più articolata, ma si tratta solo di fare un esempio.

72 Nei testi di Magia del Caos si utilizza spesso una classificazione quadripartita: paradigma spirituale, energetico, psicologico e informazionale. Io ho scelto di spiegare l'argomento in un altro modo, ma se volete approfondire potete vedere per esempio Patrick Dunn, *Postmodern Magic. The Art Of Magic In The Information Age*, Llewellyn Publications, Woodbury, Minnesota 2005.

3.3. Hackerare la Realtà

Nelle pagine precedenti ho paragonato la realtà a un videogioco: ora vi chiedo di seguirmi in un'applicazione più estesa ma molto esplicativa di questa metafora.

Immaginiamo che tutte le coscienze che popolano il nostro mondo, ovvero gli esseri umani,[73] siedano a un tavolo, decidano le regole del gioco a cui vogliono prendere parte e poi lo programmino di conseguenza: ecco che nasce la realtà che conosciamo, con le sue regole apparentemente ineludibili come la forza di gravità, le leggi della termodinamica, il principio di causa-effetto ecc. Com'è ovvio, si tratta di un processo inconscio: nessuno di noi è normalmente consapevole di contribuire alla stabilità del paradigma con la sua fede nelle regole, eppure sembrerebbe che le cose siano andate proprio così fin dalle origini della coscienza. Ad un certo livello siamo tutti d'accordo che la realtà è questa, e la massa critica della convinzione generale mantiene inalterabili le regole di questo gioco a cui partecipiamo tutti.... ma il bello viene ora.

Se la realtà è come un videogioco, ossia un programma informatico, allora è possibile hackerarla.

Chi possiede le giuste conoscenze può scrivere un piccolo programma personale, una stringa di codice con uno scopo ben preciso, e poi inserirla di nascosto nel programma generale perché vada ad alterare alcune sue parti *senza bisogno di alterare o snaturare i principi* su cui si basa il paradigma condiviso. In questo modo, insomma, è possibile dare un comando alla realtà e vederla – entro certi limiti – cambiare per obbedire al comando stesso.

Ricordate i personaggi di *Matrix*, che scoprivano di vivere all'interno di una realtà virtuale programmata da IA nemiche dell'uomo? Una volta appresa la verità, pur continuando a vivere dentro la si-

---

73 Chiaramente non possiamo escludere l'esistenza di coscienze non umane, ma per il nostro schema non abbiamo bisogno di questa ipotesi.

mulazione e quindi essere costretti a seguirne le regole, divenivano comunque capaci di piegare e aggirare in certa misura quelle stesse regole: non potevano cancellare la legge di gravità o privare della solidità un oggetto, ma potevano per esempio spingersi oltre i normali limiti del loro corpo, ottenendo una forza sovrumana o una velocità tale da poter schivare i proiettili.

Ed eccoci a un punto cruciale: vi sto dicendo che con la Magia del Caos è possibile schivare i proiettili?

Domanda interessante e pericolosa. La risposta più probabile a mio avviso è in via teorica sì, ma nella realtà fattuale no.

Le regole su cui si basa la realtà sono i pilastri che sorreggono il paradigma: per questo non possono essere cambiate a meno che, ipoteticamente, tutti gli esseri umani (o perlomeno un'ampia maggioranza) non decidano per qualche ragione di cambiarle. Il vostro piccolo programma di hacking (cioè la vostra magia) non ha il potere di rimuovere quelle leggi che decretano che se mi lancio dalla finestra non riuscirò a volare o che se mi sparano addosso non sarò più veloce di un proiettile. Se lanciassi un incantesimo per conferire a me stesso il potere di volare o di muovermi a velocità supersonica, nella migliore delle ipotesi la magia mi accontenterebbe nell'unica dimensione in cui queste cose sono normalmente possibili per gli esseri umani: nel sogno.

Ma allora che cosa può fare la magia *nella pratica*?

Come abbiamo detto, può aggirare le regole senza alterarle in maniera vistosa, il che nel nostro mondo si traduce nella maggior parte dei casi in una *alterazione delle probabilità*.

Prendiamo per esempio alcune delle richieste più comuni che vengono rivolte ai maghi dall'alba dei tempi: *Fammi diventare ricco e/o famoso. Fammi incontrare l'amore della mia vita, o fai innamorare di me una certa persona. Togli di mezzo quel mio nemico.*

Un mago del Caos non può arricchirsi tramutando il piombo in oro, perché le leggi della natura non permettono questa metamorfosi a meno che non si possieda un ciclotrone e ci si accontenti della trasmutazione di pochi atomi. Tuttavia, il nostro mago può effettuare incantesimi che gli faranno trovare ottime fonti di denaro, contatti utili nella sua professione e occasioni di guadagno inaspettate, in certi casi ai limiti di una fortuna apparentemente incredibile. Allo stesso modo, non può creare l'amore della sua vita in un alambicco, ma può alterare le probabilità perché quella persona incroci presto la sua strada, così come non può incenerire un nemico con una palla di fuoco ma può maledirlo in modo tale che gli accadano disgrazie di ogni genere, anche molto pericolose. Sia ben chiaro, non sto incoraggiando nessuno a far del male al prossimo usando la magia o in altro modo! Sto soltanto esaminando delle possibilità).

Per ottenere simili risultati si deve seguire un metodo specifico, ovvero si deve sapere come creare il piccolo programma di hacking con cui "attaccare" la realtà: il che è proprio ciò che imparerete qui.

Vi sembra assurdo? Ridicolo? Impossibile?

Nessuno vi chiede di crederci a priori. Questo libro vi fornirà una serie di tecniche, nella maggioranza dei casi piuttosto facili da applicare anche nella vita quotidiana: sta a voi decidere se volete provare, e a quel punto scoprire se funzionano o no.

3.4. Paradigmi variabili

Vi sarete accorti che da quanto ho spiegato finora deriva una serie di considerazioni.

Innanzitutto è chiaro che questo sistema non vi chiede di "credere" in nulla di trascendente e per funzionare non ha bisogno di postulare l'esistenza di forze misteriose, esseri spirituali o divinità che intervengano sul mondo a beneficio del praticante. Chi decide di usare la Magia del Caos può ovviamente appartenere a una religione qualsiasi o non seguirne alcuna, avere fede in un Dio unico o in molti Dèi o aderire a una qualunque altra forma di spiritualità: semplicemente la Magia del Caos non richiede di coinvolgere la propria fede nella pratica magica ed è associabile a qualunque fede[74] o a qualunque paradigma spirituale, ma non ha bisogno dell'una o dell'altro.

Proprio per questo fin dalle sue origini è stata assimilata più alle visioni scientifiche della realtà che non a quelle spirituali ed è spesso stata definita dai suoi praticanti "una scienza empirica" o "una tecnologia", intendendo quest'ultimo termine secondo la definizione più semplice: l'utilizzo di procedimenti e conoscenze acquisiti sulla realtà per la risoluzione di un problema pratico. Oggi esiste una grande varietà di posizioni su come considerare la Magia del Caos, ma soprattutto nei primi anni della sua storia prevaleva la volontà di separarla nettamente dal mondo del soprannaturale e avvicinarla il più possibile a paradigmi di tipo scientifico. Lo stesso Peter Carroll nel 1995 scrisse una frase molto esplicita e icastica al riguardo, destinata a diventare una delle sue citazioni più celebri: "La magia non si libererà dall'occultismo fino a quando non avremo strangolato l'ultimo astrologo con le budella dell'ultimo maestro spirituale."[75]

Un'altra considerazione riguarda il fatto che, come avevo anticipato nell'Introduzione, la Magia del Caos rappresenta una vera e propria "teoria generale della magia", ovvero basta in se stessa a giustificare il funzionamento di qualunque altro sistema magico del passato o del presente, inclusi quelli che per potersi reggere hanno bisogno di credere nell'intervento di entità soprannaturali come spiriti o divinità sul mondo materiale.

Come può avvenire questo?

Integrando gli spiriti e le divinità come elementi di un determinato paradigma.

Prendiamo l'esempio del Vudù, che ho già utilizzato. Secondo il paradigma di questa pratica, che è sia una religione che una forma

74 A meno che non sia la fede stessa a rigettare la magia, ma questo è un altro discorso.

75 Carroll, *PsyberMagick*, p. 47.

di magia, gli incantesimi sono possibili perché inducono delle entità spirituali, i Loa, a intervenire sul mondo. Dalla prospettiva di un praticante del Vudù i Loa sono reali, esistono alla stessa maniera in cui esistono gli esseri umani e hanno potere sulla realtà. Dalla prospettiva di un praticante della Magia del Caos i Loa possono anche esistere, ma di fatto la cosa *non ha importanza*, a condizione che il praticante del Vudù creda in essi, ovvero *si comporti come se essi esistano davvero*. In questo modo i Loa diventano elementi di un paradigma funzionale che permette alla magia di manifestarsi se sono rispettati i suoi meccanismi di funzionamento fondamentali, gli stessi messi in atto dalla Magia del Caos.

Ancora una volta la Magia del Caos non interviene nella sfera religiosa: non ci dice nulla sull'esistenza o meno di esseri trascendenti e non ha alcuna intenzione o bisogno di farlo, ma può integrare la fede nella loro esistenza come elemento utile a far funzionare la magia.

Da questo deriva un altro punto molto importante: dato il suo assunto di base il praticante di Magia del Caos, se vuole, può "prendere in prestito" i paradigmi di altri sistemi e di altre tradizioni e usarli a suo piacimento, fintantoché si comporta come se tutti gli elementi del paradigma preso a prestito siano validi per lui. Per tornare ancora all'esempio del Vudù, può usare i rituali di quella tradizione e farli funzionare anche senza credere realmente negli spiriti, ma solo comportandosi come se gli spiriti fossero reali per tutta la durata della pratica magica.[76]

Questo atteggiamento, comune presso alcuni praticanti ma osteggiato da altri, viene a volte chiamato "pirateria paradigmatica" (*paradigmal piracy* in inglese) e ha una serie di implicazioni morali oltre che pratiche, di cui parlerò in dettaglio nella sezione finale del capitolo 5.

---

76 Ricordate i discorsi di Aleister Crowley sull'eseguire i rituali e le procedure magiche *come se* gli angeli e i demoni esistessero, disinteressandosi della loro effettiva realtà?

3.5. Limiti e mezzi di manifestazione

A questo punto credo che sia necessario specificare che i procedimenti di cui stiamo parlando hanno dei limiti: la Magia del Caos non è in grado di esaudire tutti i nostri desideri, anche se, quando utilizzata con buon senso e un pizzico di astuzia, può realmente cambiare la nostra vita. Come ripete sempre un mio amico mago: "Se la magia fosse la soluzione a tutti i problemi, saremmo tutti maghi!"

Quando esprimiamo un desiderio e lo trasformiamo in un incantesimo dobbiamo tenere presenti due assunti imprescindibili: il fatto che le regole della realtà non possono (normalmente) venir violate e il fatto che la magia per manifestarsi segue sempre la via che oppone minore resistenza.

Del primo punto abbiamo già discusso: non ha senso chiedere qualcosa di impossibile per le leggi della fisica o della causalità. Ha invece senso chiedere qualunque cosa che sia possibile ottenere anche senza magia, per quanto possa essere improbabile. Ad esempio, non posso chiedere che la terra si apra e spunti davanti a me uno gnomo che mi offre uno scrigno che contiene un milione di euro (o meglio, posso senz'altro chiederlo, ma nella migliore delle ipotesi mi accadrà solo in sogno, non nel mondo della veglia). Tuttavia, però posso chiedere che si manifesti nella mia vita una combinazione di eventi concreti che mi consentano di guadagnare rapidamente quella cifra, anche se – è chiaro – si tratterebbe di un avvenimento statisticamente assai poco probabile.

Ed è qui che entra in gioco il secondo punto: *più la realizzazione della nostra richiesta è improbabile, più la magia faticherà a soddisfarla*, e quindi minori saranno le nostre possibilità di successo.

Per spiegare questo punto io uso sempre l'esempio di un torrente che scende da una montagna. L'acqua, lo sappiamo, per legge naturale sceglie sempre la via di minor resistenza: se osserviamo la traiettoria del nostro torrente, possiamo esser certi che arriverà a valle per la via più diretta possibile, aggirando ogni volta gli ostacoli con la massima efficienza e il minimo dispendio di energia. Tra due vie non sceglierà mai la più lunga e/o la più complicata, a meno che la via più breve non sia sbarrata da ostacoli per superare i quali servirebbe ancor più energia che non per prendere la via più lunga. Questo perché la natura ne utilizza sempre il minimo indispensabile per giungere dove deve arrivare.

Ora, potete immaginare che i vostri incantesimi funzionino in base allo stesso principio: *la magia segue sempre la via che oppone minore resistenza.*

Quando formulate un desiderio, stabilite anche dei parametri per la sua realizzazione: è automatico, non potete sottrarvi dal farlo. Persino non menzionare alcun parametro è una decisione: significa che quel desiderio ha zero parametri per la propria manifestazione. E questo può essere sia un bene sia un male.

Torniamo agli esempi concreti. Poniamo, come sopra, che io lanci un incantesimo per ottenere un milione di euro (che già di per sé sarebbe una pessima idea per più di una ragione, ma di questo parleremo meglio in seguito). Se il mio desiderio è formulato semplicemente in questo modo – "Voglio ottenere un milione di euro",[77] lascio all'universo la più totale libertà di esaudire il mio desiderio nel modo che preferisce in base al principio citato sopra, si tratterà inevitabilmente della procedura che fa sprecare all'universo stesso la minima energia indispensabile per accontentarmi.

Il problema, però, è che nessuno di noi può mai prevedere *quale* sia questo quantitativo di energia, perché nessuno può conoscere la miriade di variabili coinvolte in questo avvenimento. Lasciare all'universo l'onere di scegliere come accontentarmi è una lama a doppio taglio: da un lato il milione di euro richiesto che ha potenzialmente tutte le vie possibili e immaginabili per entrare

---

77 Questo è un modo particolarmente scorretto per formulare un desiderio magico, e ne vedremo le ragioni: per ora basti come esempio.

nella mia vita, il che aumenta senz'altro la sua probabilità di raggiungermi, ma dall'altro alcune di queste vie potrebbero risultare sgradevoli o addirittura nefaste. Il denaro potrebbe arrivarmi come eredità inaspettata da un parente che non sapevo nemmeno di avere (avvenimento improbabile, ma non impossibile), ma potrebbe anche manifestarsi come compensazione per un terribile incidente stradale che mi ha reso tetraplegico. Oppure, dato che non ho specificato *quando* avrei voluto ottenere il mio milione, il denaro potrebbe manifestarsi quando avrò ottant'anni, nel caso l'universo non dovesse individuare un sistema energeticamente economico per farmelo avere prima.

Capite dunque come sia molto più saggio inserire dei parametri che regolino e limitino gli eventi legati al mio desiderio, per esempio: "Voglio ottenere un milione di euro entro un anno e senza che né io né qualcun altro si faccia del male." Questo limita le possibilità che il soddisfacimento del mio desiderio mi raggiunga per vie sgradevoli, ma nello stesso tempo riduce anche le probabilità che il mio incantesimo funzioni: meno libertà d'azione lascio all'universo, più sarà difficile che l'universo trovi un modo di accontentarmi. Anche porre dei parametri, dunque, è una lama a doppio taglio.

Trovare un modo per far quadrare queste due tendenze opposte in gergo si chiama "*dare alla magia un mezzo di manifestazione*".

Sta a ciascun praticante, ogni volta che crea un incantesimo, decidere quali e quanti parametri usare: più "paletti" inserisce, più il risultato sarà preciso e libero da effetti collaterali, ma avrà anche meno probabilità di realizzarsi. Viceversa, meno limitazioni vengono inserite, più è probabile che l'incantesimo in qualche modo funzioni, ma il praticante avrà pochissimo controllo su quel che accadrà alla fine.

Chiaramente in una manifestazione non sono coinvolte solo le limitazioni alla magia ma anche le sue agevolazioni, ossia creare le premesse e compiere le azioni non magiche che *aiutino* la magia a realizzarsi. Se per esempio lancio un incantesimo per passare un esame e poi non apro un solo libro per studiare, non sto affatto aiutando il mio desiderio a manifestarsi, semmai il contrario. Se invece attuo il mio incantesimo *e* studio almeno un po', le mie probabilità di successo salgono enormemente e offro così alla mia magia un canale con cui manifestarsi agevolmente nella realtà.

Di fatto creare un mezzo di manifestazione per la propria magia è un gioco di equilibri, che ognuno apprende con la pratica e l'esperienza.

3.6. Il nemico di tutti i maghi: il Censore Interno

Non abbiamo ancora parlato del più importante tra i fattori limitanti, quello che fin dalle origini della pratica caosiana è stato chiamato "il vero nemico di tutti i maghi": il Censore Psichico, o Censore Interno (*Psychic* o *Inner Censor* in inglese).

Si tratta di una funzione specifica della nostra mente, costantemente attiva durante il periodo di veglia, con la quale non solo i maghi ma diverse altre persone (attori, musicisti, artisti, atleti professionisti e in generale chiunque debba sfidare spesso i propri limiti) hanno familiarità: è quella "maledetta vocina" che cerca di convincerci che "tanto non ce la faremo", quella funzione apparentemente incontrollabile del nostro stesso io con cui ci sforziamo di auto-sabotarci.

Il nostro Censore Interno ci conosce molto bene – dopotutto fa parte di noi – e trova sempre gli argomenti più convincenti per smontarci. Nel caso specifico della magia, possiamo usare ancora una volta l'esempio dell'incantesimo per ottenere un milione di euro (a tal fine il denaro è quasi sempre un buon esempio pratico). Mentre lo formuliamo e soprattutto quando staremo per lanciarlo, il Censore Interno ci aggredirà con tutto il suo arsenale volto a farci fallire: "Ma siamo veramente sicuri di aver bisogno di quel denaro? E se arricchirci di colpo in realtà dovesse nuocerci? Lo sanno tutti che la ricchezza non migliora le persone... Ci ritroveremmo assediati da persone che vorrebbero solo sfruttarci, perderemmo i nostri amici e tutti i nostri rapporti sinceri... E se quei soldi che la magia dovesse procurarci venissero sottratti a qualcuno che ne ha più bisogno di noi?" O, ancora più semplicemente: "Sei sicuro di avere la volontà, la conoscenza, il potere per realizzare questo incantesimo? Non stai commettendo un terribile errore? *Ma sei veramente sicuro che la magia esista?*" E così via.

A questo punto è opportuno osservare che il Censore Interno non è una qualche aberrazione naturale e non è stato installato dentro di noi da forze demoniache che ci odiano: è semplicemente una parte della nostra psiche che si è evoluta con una funzione ben precisa, ovvero mantenerci ancorati alla realtà di tutti i giorni. Lo stesso Peter Carroll[78] ha sempre spiegato che, al di là dei tentativi di sabotare i nostri incantesimi, la funzione quotidiana del Censore è "editare" via dalla nostra esperienza tutti quei fenomeni che con la coscienza ordinaria non sapremmo spiegare o accettare: in altre parole il Censore ci impedisce di vedere la magia in atto quando ce la troviamo davanti e non siamo preparati ad accettarla. Il suo unico scopo è mantenere intatto il paradigma che usiamo nella vita normale, e per fare questo costruisce costantemente "spiegazioni razionali" di tutto quello che altrimenti non sapremmo spiegare. Ma, poiché non è dotato di autocoscienza, non sa discriminare quando è il momento di intervenire o no.

Il Censore Interno non è una persona, né tantomeno un demone o un dio che vive dentro di noi (anche se in qualche caso può far comodo immaginarlo come tale): è solo una "stupida macchinetta" che entra automaticamente in funzione anche quando noi non vorremmo. Di per se stesso è potente, potentissimo, ma niente affatto invincibile.

Cosa si può fare, dunque, per metterlo a tacere al momento giusto?

---

78 Carroll, *Psychonaut*, p.162-163.

3.7. L'istante che spegne il mondo: la Gnosi

Discipline diverse hanno elaborato tecniche differenti, e anche la Magia del Caos ha la propria: i fondatori della pratica le hanno dato il nome di Gnosi, usando la parola che in greco antico designava la Conoscenza "con la C maiuscola", ossia l'autentica, intima comprensione della natura delle cose, la verità che ci sottrae a tutte le illusioni.

Tecnicamente non è possibile sconfiggere il Censore Interno: una volta che la sua vocina si è insinuata nei pensieri la nostra volontà ne risulta irrimediabilmente minata. Quel che bisogna fare, dunque, non è "caricarlo a testa bassa" bensì *aggirarlo*, ovvero far passare il nostro incantesimo oltre le maglie della sua sorveglianza. Se la nostra coscienza non è attiva, nemmeno il Censore Interno è attivo. Quindi il trucco sta proprio qui: *disattivare la coscienza*, anche solo temporaneamente.

In altre parole un incantesimo, per funzionare, non può essere lanciato mentre siamo nello stesso stato di coscienza con cui guidiamo l'auto o facciamo la spesa o leggiamo questa pagina che stiamo scorrendo: perché la magia possa operare bisogna entrare – anche solo per un istante – in uno stato di coscienza "alterato" in cui i normali processi cognitivi non funzionano. Nel corso della nostra giornata, in realtà, passiamo spesso attraverso questi stati di alterazione: un'emozione forte e improvvisa – gioia, sorpresa, paura – o una sensazione fisica di intensità soverchiante – dolore, orgasmo – spengono temporaneamente la mente. È un fenomeno a cui tutti siamo abituati. Anche pratiche di concentrazione come la meditazione, lo yoga, il controllo cosciente del sonno e simili ottengono il medesimo risultato, spesso anche per periodi più prolungati. Lo stesso avviene quando siamo sotto l'effetto di sostanze alteranti come l'alcol, la nicotina e numerose altre.

La Magia del Caos, dunque, chiama Gnosi *l'atto dell'utilizzare uno di questi stati di alterazione come momento focale per lanciare un incantesimo*: nel momento in cui il chiacchiericcio della mente si arresta, anche solo per una frazione di secondo, anche il Censore Interno smette di essere operativo. Si apre così una "finestrella" nel nostro flusso mentale in cui il programma di hacking della Realtà che abbiamo preparato, ossia il nostro incantesimo, può passare ed essere spedito nell'oceano dell'inconscio, da dove potrà cominciare il suo lavoro.

In tutto questo il Censore Interno, il guardiano autoproclamato della nostra realtà, si è addormentato per un secondo – o qualche volta per più tempo – e non si è nemmeno accorto che qualcosa ha oltrepassato la sua barriera.

Nel capitolo 7 esamineremo meglio le numerose tecniche di Gnosi che i praticanti caosiani hanno testato e "omologato", a volte prendendo spunto da altre tradizioni magiche e da pratiche consolidate in altre discipline, a volte elaborandone di nuove: per ora basti ribadire che un incantesimo, per funzionare, ha bisogno di una qualche forma di Gnosi, ed è così dall'alba dei tempi. Nella teoria della Magia del Caos *tutti* i rituali magici concepiti dall'uomo, tutte le formule e le preghiere, le sontuose cerimonie, le candele e gli incensi, i mantra ripetuti all'infinito, i simboli e i gesti millenari, i costumi, i sacrifici (soprattutto quelli cruenti che giocoforza scatenano emozioni intense) hanno sempre avuto un unico scopo: far entrare i praticanti in uno stato mentale "non ordinario", adatto alla creazione della magia. Per un verso o per un altro, il 90% della storia della magia è un tentativo di innescare una Gnosi.

Se, arrivati a questo punto, avete assimilato questi concetti: complimenti, fondamentalmente avete capito come funziona la Magia del Caos. Da qui è tutto in discesa! Certo, si potrebbe discutere ancora a lungo sui processi di decostruzione della magia – e non sarebbe affatto un discorso inutile per il praticante – ma per il momento queste nozioni sono sufficienti. Se siete curiosi di esplorare ulteriormente tali argomenti, vi consiglio senz'altro l'affascinante *Naked Magic* di Michael Coltrane[79].

---

79 Michael Coltrane, *Naked Magic*, Independently Published 2011.

4.
...E ORA LA PRATICA

4.1. Il linguaggio dei desideri: i sigilli

Una sorta di proverbio diffuso tra i praticanti di Magia del Caos recita: "Se chiedi a un mago contemporaneo di insegnarti un incantesimo, quasi sicuramente quest'ultimo ti mostrerà un sigillo".

In un buon novanta per cento dei casi è così, per almeno tre ragioni: i sigilli sono la forma più famosa di Magia del Caos, la più semplice da mettere in atto e quella che mostra meglio il funzionamento dei meccanismi basilari del sistema, su cui tanto ho insistito nel capitolo precedente. In realtà non penso che il terzo punto venga spesso preso in considerazione quando si decide di insegnare a qualcuno questa tecnica, ma nel nostro caso specifico è precisamente il motivo che mi ha spinto a "seguire la tradizione" e iniziare proprio dai sigilli, quando una parte di me avrebbe voluto essere un po' più originale e iniziare da qualcos'altro.

La tecnica dei sigilli è famosa perché consiste in una variazione (o in una evoluzione, se preferite) dell'Alfabeto del Desiderio elaborato nel 1913 da Austin Osman Spare, di cui ho parlato nel capitolo 1, ed è semplice perché per metterla in atto all'inizio non occorrono che una matita e un foglio di carta. Con un po' di allenamento, poi, vi renderete conto di poterla effettuare del tutto con il pensiero, il che in un certo senso prova il principio enunciato dallo stesso Peter Carroll secondo cui "...Un mago competente dovrebbe essere in grado di rimanere in piedi alla fermata di un autobus, chiudere gli occhi e far sparire l'universo intero a parte un singolo sigillo nitido nella sua mente o un incantesimo pronunciato a fior di labbra"[80].

Lo scopo di un sigillo è realizzare un vostro desiderio. È letteralmente il piccolo programma di hacking della Realtà che vi ho illustrato nel capitolo precedente, in una delle sue forme più semplici.

Partiamo dunque dal desiderio. Per non usare ancora l'esempio del milione di euro, prendiamone un altro che può riguardare tutti noi: il desiderio di dimagrire. Innanzi tutto dobbiamo formularlo nel modo più semplice e diretto, con il numero più basso possibile di parole. Un esempio potrebbe essere:

INTENDO DIMAGRIRE DI DIECI CHILI

Esistono alcune accortezze per una formulazione migliore – cioè una che vi offra maggiori probabilità di riuscita – ma le vedremo più avanti: per ora accontentiamoci.

Scrivete la frase su un pezzo di carta. Vi accorgerete subito che è composta da ventotto lettere, ma alcune sono ripetute: la prima cosa che dovete fare, dunque, è cancellare tutte le lettere ripetute più di una volta, lasciando solo la prima in cui appaiono. La nostra frase diventa dunque:

INTEDO MAGR C HL

Delle ventotto lettere ne sono rimaste solo tredici. Eliminando anche gli spazi otterremo:

INTEDOMAGRCHL

---

80 Carroll, *The Octavo*, p. 124.

Questa sequenza non assomiglia più alla frase originaria, se non vagamente, e soprattutto non significa nulla nella lingua italiana (né, possiamo supporre, in nessun'altra lingua). Però siamo stati noi a crearla e ricordiamo da quale frase siamo partiti: anche se non dovessimo più riconoscerla – per esempio se la rivedessimo da qui a un anno dopo non averci più pensato – ricorderemmo comunque il suo significato a livello inconscio. La frase è diventata un simbolo del nostro desiderio, di cui a un certo livello di coscienza non possiamo dimenticare il vero senso in nessuna circostanza

Per allontanare ulteriormente la somiglianza di questo simbolo con il suo significato originario possiamo combinare le lettere tra loro in un disegno astratto che le contenga tutte, per esempio:

Se vi è capitato di vedere l'Alfabeto del Desiderio di Spare, potreste notare delle somiglianze, che ovviamente non sono casuali. Un'altra abitudine che risale già alle origini della Magia del Caos è aggiungere al disegno ulteriori ghirigori e decorazioni: le più comuni sono piccoli cerchi al termine delle linee, che faranno assomigliare il vostro disegno ai sigilli angelici usati dal celebre occultista John Dee nel XVI secolo:

Di fatto non c'è né un limite né una direzione prestabilita per le modifiche che potete operare: c'è chi preferisce sigilli molto geometrici e perfettamente simmetrici, chi li semplifica all'estremo, chi ama trasformarli in grovigli complessi di linee curve, e così via.

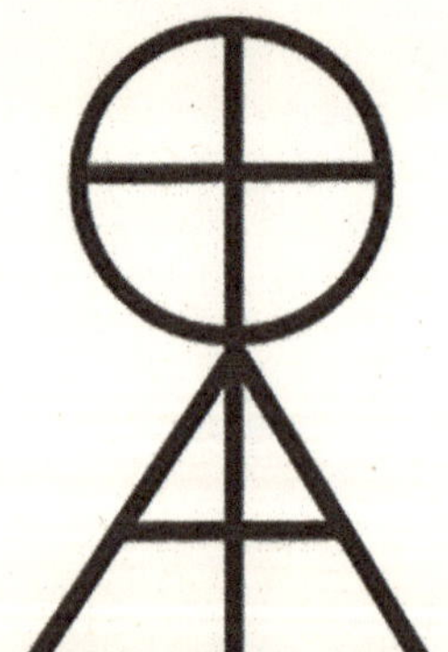

Quando vi sentirete soddisfatti sul piano estetico, il vostro sigillo sarà pronto e saremo arrivati alla fase cruciale dell'incantesimo: il "lancio del programma", ovvero la Gnosi.

Come già detto, le possibili tecniche per indurre la Gnosi sono moltissime: ne trovate più di una ventina nel capitolo 7, ma qui ne elencherò solo cinque di semplicissima e rapida esecuzione.

Iperossigenazione: iniziate a inspirare ed espirare profondamente, fino a riempirvi per bene i polmoni d'aria. All'inizio fatelo lentamente, poi accelerate sempre di più finché non avrete un forte capogiro: in quel momento raccogliete il foglietto e fissate il vostro sigillo. Cercate di non pensare a nient'altro, seguite semplicemente le linee con lo sguardo finché il capogiro non sarà passato (questa tecnica ovviamente è consigliata solo a chi è in perfetta salute e andrebbe praticata in posizione seduta, per non rischiare di perdere l'equilibrio).

La danza del derviscio: roteate su voi stessi in senso antiorario a velocità crescente, con le braccia aperte, come fanno i bambini quando giocano o appunto i dervisci della tradizione mistica sufi. Come nel caso precedente, dovrete fissare il sigillo al culmine del vostro capogiro, se preferite, per tutto il tempo della rotazione (in tal caso Peter Carroll suggerisce di disegnarvelo sul palmo sinistro[81]). So per esperienza che questa tecnica rischia di concludersi a gambe all'aria sul pavimento, quindi il mio consiglio è: circondatevi di cuscini e mettete il foglietto dove potete raggiungerlo facilmente.

Orgasmo: fissate il sigillo o visualizzatelo nella vostra mente nel momento in cui raggiungete l'orgasmo, da soli o con un partner sessuale (in genere si consiglia di disegnarlo in un punto in cui potete vederlo, perché costruire complesse visualizzazioni mentali proprio in quel momento particolare non è facile per nessuno...) Questo, come non faticherete a credere, è forse il metodo statisticamente più diffuso.

Trataka: è una forma di meditazione tipica dello yoga che consiste nel fissare un punto preciso dello spazio – tradizionalmente la fiamma di una candela o un punto nero su un foglio bianco – fino a quando gli occhi non cominceranno a dolere e tutti gli altri pensieri si spegneranno. Chiaramente nel nostro caso lo sguardo sarà fissato sul sigillo.

---

81 Carroll, *Interview*, p. 148.

Proiezione tridimensionale: è di un esercizio che richiede buone capacità di visualizzazione e concentrazione. Dovete immaginare il vostro sigillo sospeso in aria e farlo ruotare lentamente sia sull'asse verticale che su quello orizzontale (o anche su altri se ne siete in grado), prima mantenendolo come una figura piatta, bidimensionale, e poi trasformandolo tramite la rotazione in una forma tridimensionale. Si tratta di una vera e propria forma di meditazione visiva: è una delle mie tecniche preferite e l'ho usata spesso.

Ciascuno di questi metodi è pensato per spegnere almeno per un istante il lavorìo del Censore Interno e aprire una "finestrella" nell'inconscio, attraverso la quale l'incantesimo possa insinuarsi e proseguire il suo cammino di modifica della realtà.

A questo punto vi resta un'ultima – ma importantissima – operazione: *bandire il sigillo*, ovvero allontanarlo da voi una volta per tutte.

Una volta lanciato il vostro incantesimo non dovete più pensarci: l'energia che avete rilasciato contiene già il suo programma, "sa che cosa fare" e non ha bisogno che voi continuiate a rimuginarci sopra. Anzi, quest'ultimo atteggiamento finisce spesso per essere controproducente, perché può ingenerare pensieri ossessivi che rafforzano il Censore Interno e indeboliscono la fiducia nelle vostre capacità. Dunque gettate via il vostro foglietto, fatelo a pezzi, bruciatelo, seppellitelo o cancellate il sigillo da qualunque superficie lo abbiate tracciato.

In un mondo ideale dovreste essere in grado di "dimenticarvi" del vostro incantesimo e di comportarvi come se quel che volete ottenere fosse già vostro, o giungerà a voi in un qualche momento del futuro. Nella realtà pratica è più facile a dirsi che a farsi, quindi il consiglio in genere è quello di fingere che non vi importi nulla dell'esito del vostro incantesimo. Se il pensiero vi colpisce all'improvviso ("Chissà se il mio sigillo funzionerà...") fingete con voi stessi che non ve ne importi nulla. Può sembrare strano, ma sia psicologicamente che magicamente è un trucco che funziona.

C'è anche un altro gesto, divenuto tradizionale già da decenni nelle Magia del Caos, che si usa per bandire (ossia segnalare la fine dell'operazione magica) non solo i sigilli ma in generale qualunque tipo di incantesimo o rituale: *una sonora risata ad alta voce*. Nelle parole dello stesso Carroll: "[La risata] ha l'effetto di inibire quel genere di pensiero discorsivo che potrebbe lavorare contro l'effetto dell'incantesimo, oltre a ridimensionare la megalomania e/o i dubbi su noi stessi a cui la pratica della magia può dar luogo. All'inizio sarà una risata forzata, ma con la pratica diventerà sempre più naturale. Nella Magia del Caos è così che facciamo: nel momento dell'incantesimo ci impegniamo completamente, poi scoppiamo a ridere e aspettiamo i risultati con obiettività."[82]

In effetti c'è almeno una cosa che dobbiamo fare durante l'attesa, ed è conferire alla nostra magia uno strumento adeguato con cui manifestarsi. Se il nostro sigillo ci serve per perdere dieci chili, sarebbe una buona idea metterci anche a dieta o perlomeno tenere d'occhio la nostra alimentazione. Se dopo aver lanciato l'incantesimo continuiamo a mangiare in maniera sregolata come prima, o anche peggio di prima, stiamo operando contro il nostro stesso incantesimo (non solo sul piano materiale ma anche su quello invisibile dei simboli e degli intenti) e gli stiamo rendendo molto più difficile manifestarsi nella realtà. Non impossibile, badate bene, ma comunque molto più difficile: nessun incantesimo ha una probabilità di successo del 100%, e non è da maghi sani di mente ostacolare l'effetto della nostra stessa magia.

Questo è tutto quel che c'è da sapere essenzialmente su un sigillo: con queste istruzioni siete già in grado di cominciare a fare esperimenti. I sigilli sono descritti in quasi tutti i testi che insegnano la Magia del Caos, ma esiste almeno una monografia che li ha come argomento specifico e che vi consiglio se volete approfondire l'argomento: *Practical Sigil Magic* di Frater U.·.D.·., ovvero Ralph Tegt-

---

82 Carroll, *Interview*, p. 254-255.

meier, di cui abbiamo ampiamente parlato nel capitolo 2 (si trova anche in traduzione italiana[83]).

4.2. Consigli pratici

Come dicevo, è importante innanzitutto costruire con cura la frase da cui partire per creare un sigillo, e più in generale è fondamentale formulare bene i propri desideri prima di *qualsiasi* incantesimo, quindi vi esorto ad applicare i seguenti consigli a tutta la vostra magia.

La frase che abbiamo usato come esempio a pag. 76 non va bene innanzitutto perché comincia con un verbo di volontà: *intendo*. La nostra frase di partenza definisce il cambiamento a cui stiamo mirando, ovvero la realtà che noi desideriamo, e fin qui ci siamo, ma se io esprimo ciò con un verbo che indica la mia volontà – "Intendo dimagrire dieci chili" – sto descrivendo *la realtà che già esiste*. In altre parole faccio un'affermazione che è già vera: sto dicendo che desidero dimagrire, che è appunto come stanno le cose. In questo caso l'incantesimo ben difficilmente funzionerebbe, perché gli stiamo letteralmente chiedendo di non cambiare nulla!

Una formulazione più corretta è quella che descrive semplicemente ciò che voglio che accada, escludendo la mia volontà dalla frase:

DIMAGRIRÒ DIECI CHILI

Ci potremmo anche fermare qui, ma io non lo farei: in questa formulazione a mio avviso mancano almeno un paio di parametri, la cui assenza la rende potenzialmente pericolosa. Se infatti non specifichiamo *come* vogliamo perdere questi dieci chili, la "via di minor resistenza" che la magia sceglierà per accontentarci potrebbe essere,

83 Frater U∴D∴, *Practical Sigil Magic*, Llywellin Publications, Woodbury, Minnesota 2012 (in italiano *La magia dei sigilli*, Venexia Editrice, Roma 2021; l'edizione originale in tedesco, *Sigillenmagie in der Praxis*, è del 1990).

per esempio, una brutta malattia improvvisa: a stare malati a letto si perde peso con rapidità impressionante... (E considerate che se invece avessimo scritto "Perderò dieci chili" l'incantesimo avrebbe potuto accontentarci facendoci perdere una gamba.)

Quindi io specificherei:

DIMAGRIRÒ DIECI CHILI IN SALUTE

Ora ci siamo quasi. Secondo me manca ancora un parametro importante: il tempo. Il verbo *dimagrirò* stabilisce solo che il cambiamento avverrà nel futuro, ma non ci dice quando.

Tenendo in considerazione che il nostro incantesimo ha bisogno di mezzi di manifestazione plausibili non posso chiedere di perdere dieci chili in tre giorni, perché non è materialmente possibile nella nostra realtà senza un'operazione chirurgica. Pertanto stabilirò un periodo di due mesi: è poco, ma siamo ancora nell'ambito di un dimagrimento possibile senza danni per una persona in salute.

DIMAGRIRÒ DIECI CHILI IN SALUTE IN DUE MESI

Ora riduciamo le lettere come già spiegato e otterremo:

DIMAGROECHLNSUT

Da cui possiamo ricavare il seguente sigillo (che ovviamente è solo uno degli infiniti sigilli possibili con queste lettere):

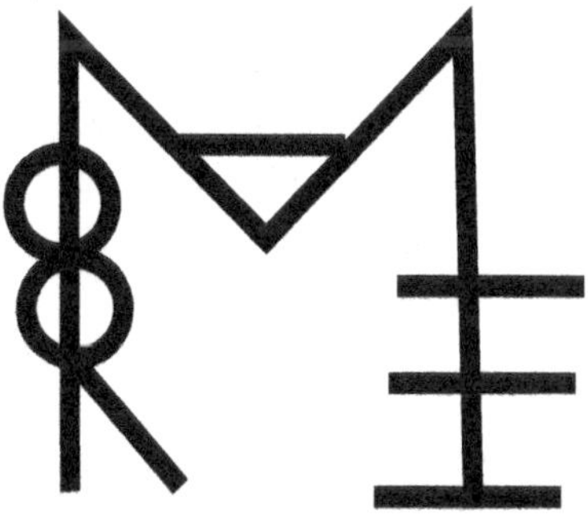

Una volta lanciato, l'incantesimo seguirà il suo corso e, se non ci sono troppi ostacoli, troverà un modo per esaudire il vostro desiderio. In quale forma? Potrebbe farvi venire un'improvvisa e travolgente voglia di fare una dieta e/o attività fisica. O potrebbe produrre un evento esterno che in qualche modo vi indurrà a perdere peso. Le possibilità sono davvero tante e non è raro che la magia, se ben formulata, ci sorprenda con i modi che trova per accontentarci.

Non vi sembra ancora abbastanza magico?

Ci stiamo solo scaldando.

Un altro consiglio che troverete spesso nei libri di magia è quello di non usare nelle vostre formulazioni termini negativi, o comunque indicanti privazione: parole come *no*, *non*, *senza*.

La ragione di questa scelta sarebbe la teoria secondo la quale il nostro inconscio non elabora le negazioni: probabilmente avrete sentito tutti la storiella del bambino che cammina tranquillo e sicuro di sé su un muretto. Qualcuno grida: "Attento a non cadere!", e purtroppo l'inconscio del fanciullo non registra il "non" ma sente solo "cadere!" e immediatamente inciampa e cade.

Su questo punto, tuttavia, non sono d'accordo. L'idea che l'inconscio che non assimili le negazioni è sostanzialmente una leggenda: le neuroscienze hanno dimostrato da tempo che la mente umana comprende la negazione a tutti i livelli e reagisce sempre di conseguenza. La linguistica stessa lo dimostra segnalandoci che il *no* e le altre espressioni di negazione esistono in tutte le lingue conosciute, segno della loro presenza universale nel pensiero umano.

Insomma, io non mi astengo dall'usare il *no* negli incantesimi se lo ritengo necessario. Voi, come sempre, potete e dovete fare come meglio credete: se usare le negazioni per qualunque ragione vi mette a disagio, banditele tranquillamente dalla vostra magia.

Un ultimo consiglio pratico che voglio darvi riguarda la Gnosi. Sia le cinque tecniche che ho illustrato sia le altre che troverete nella sezione apposita possono variare a vostro piacimento. Ad esempio, al posto dell'iperossigenazione potete provare i vari tipi di respirazione (*pranayama*) tipiche dello yoga: il respiro quadrifasico, il respiro di fuoco, le respirazioni praniche e così via. Oppure al posto della danza del derviscio potete usare la corsa, il ballo oppure un'altra forma di sforzo fisico intenso e prolungato: è noto che questo genere di attività, se protratto abbastanza, genera uno stato mentale alterato di rilassatezza ed euforia conosciuto come *runner's high*, che va benissimo come tecnica di Gnosi.

Un punto importante, però, è che le tecniche della Gnosi *non dovrebbe essere scelta a caso.* Non tutte si equivalgono, benché mirino tutte allo stesso obiettivo, e forse nessuno riesce a spiegarlo meglio di Andrieh Vitimus, membro storico degli Illuminati di Thanateros e autore di *Hands-On Chaos Magic*, che a mio parere sta alla pari con le opere degli stessi Carroll e Hine quanto a chiarezza espositiva e utilità. Vitimus, infatti, fa notare[84] che uno dei principi magici più antichi del mondo è "il simile attrae il simile", da cui discende che le tecniche di Gnosi non sono affatto neutre, ma fortemente connotate a livelli fisico concettuale, simbolico, e queste connotazioni dovrebbero essere usate per favorire la riuscita di un incantesimo, o quantomeno dovremmo evitare di abbinarle con esiti incompatibili.

Un paio di esempi pratici: la Gnosi ottenuta tramite l'orgasmo suona senz'altro adatta a un sigillo per attrarre l'amore, ma andrebbe ugualmente bene per uno che ha come scopo far licenziare il nostro odioso capufficio?[85] Allo stesso modo, una Gnosi ottenuta con una violenta iperossigenazione si associa volentieri a un incantesimo che deve conferire forza e coraggio per parlare in pubblico, ma non sembra molto appropriata per uno che ha come scopo mitigare l'insonnia.

84 Andrieh Vitimus, *Hands-On Chaos Magic*, Llewellyn Publications, Woodbury, Minnesota 2009, p. 122-123.

85 In realtà questa tecnica, per quanto molto diffusa, si porta dietro una serie di problemi che esamineremo meglio nel Settimo capitolo.

Insomma, i praticanti che hanno esperienza diretta di lunga data consigliano di lasciarsi guidare dall'istinto per associare al nostro sigillo la Gnosi più adatta. Certo, nella realtà dei fatti a volte si ha poca scelta perché mancano il tempo, il luogo e/o i mezzi per organizzare la Gnosi ottimale, ma, nella misura in cui è possibile, applicare il concetto dell'attrazione tra simili è di grande e conclamata utilità.

4.3. Infinite possibilità di variazione

Come alcuni di voi avranno già intuito, quella dei sigilli è una "base" malleabile, un modello sul quale si possono costruire infinite variazioni. E la pratica stessa della Magia del Caos vi incoraggia a cambiare le carte in tavola, a sperimentare e a scoprire i sistemi che vi piacciono di più e che sentite più vostri, anche solo a livello estetico: un incantesimo che ci pare brutto, scialbo, che ci annoia ha di fatto molte meno probabilità di funzionare di uno che ci affascina, ci diverte e ci appaga esteticamente.

Se per esempio volete distanziare un sigillo dalla vostra formulazione originaria, potete scriverlo in un'altra lingua di vostra conoscenza. La nostra frase qui sopra, tradotta in inglese, suonerebbe:

I'LL HEALTHILY LOSE TEN KILOS IN TWO MONTHS

Ovvero:

ILHEATYOSNKWM

Oppure potete traslitterare la frase in alfabeti diversi da quello latino, come quello greco, quello cirillico o quello ebraico. I maghi europei e americani amano in maniera particolare usare le rune, oppure alfabeti esoterici meno noti come l'alfabeto enochiano elaborato da John Dee per trascrivere la sua "lingua degli angeli."[86]

86 Se siete interessati a usare la lingua enochiana, un buon testo di riferimento è Donald C. Laycock, *The Complete Enochian Dictionary*, Weiser Books, San Francisco 2001

La nostra frase traslitterata nel futhark, sarebbe:

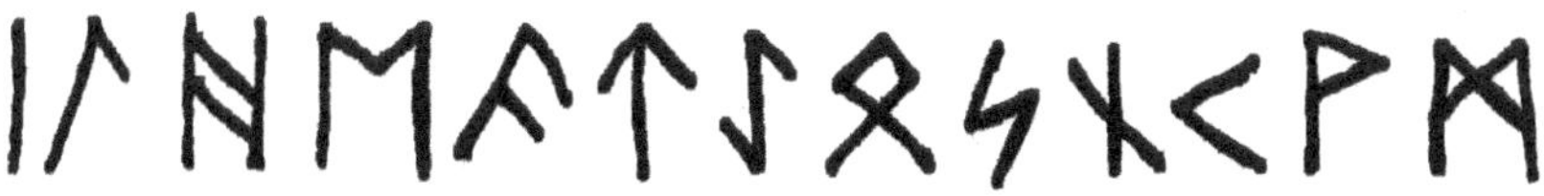

Un sigillo, poi, non deve per forza venir trascritto su un pezzo di carta o impresso nella nostra mente: l'occultista newyorchese Konstantinos – che spesso avanza suggerimenti azzardati – propone di usare materiale scrittorio che si illumini, come il fosforo, oppure qualcosa a cui si possa dare fuoco, come l'olio o un altro liquido infiammabile, o ancora la "polvere flash" usata per fabbricare i petardi (mescolata per l'occasione con colla liquida così da poterla impiegare per scrivere). Chiaramente si deve usare molta cautela e operare solo su superfici che non prendano fuoco, ma vedere il nostro sigillo che si illumina o si infiamma d'improvviso in una stanza buia può fare davvero un effetto spettacolare e in qualche caso provocare di per se stesso un attimo di Gnosi[87].

Per chi ha preferenze più semplici e primordiali uno dei miei maghi preferiti, il tedesco Jan Fries, inventore del *freestyle shamanism*, suggerisce di disegnarci i nostri sigilli sulla pelle nuda con colori lavabili o ancor più semplicemente con l'argilla o il fango, e poi ballare senza freni al suono del tamburo o di qualunque altra musica estatica fino a che il nostro sudore non li avrà cancellati[88].

Abbandonando la dimensione grafica, i sigilli si possono anche trasformare in suono. Prendiamo la nostra frase di prima:

DIMAGROECHLNSUT

Riordinando un po' le lettere otteniamo per esempio:

---

87 Konstantinos, *Nocturnicon. Calling Dark Forces and Powers*, Llewellyn Publications, Woodbury, Minnesota 2005, p. 32-35.

88 Jan Fries, *Visual Magick*, Mandrake of Oxford, Oxford 1992, p. 20-30.

Provate a pronunciarla ad alta voce e vi accorgerete subito di quanto assomigli a una formula magica, soprattutto se mettete l'accento sull'ultima sillaba e ripetete più volte: *Tsunel madi crogh! Tsunel madi crogh!*

Come potete vedere, le frasi da cui si ricavano sigilli possono anche essere trasformate in catene di suoni perfettamente pronunciabili (all'occorrenza potete aggiungere delle vocali, se occorrono) e usate come vere e proprie formule. L'impiego di parole apparentemente senza senso (anche se spesso non prive di assonanza con parole e frasi esistenti) è attestato in tante forme di magia fin dai tempi antichi: nel mondo romano erano chiamate *nomina barbara*, "parole barbare"; inoltre, se ne trovano esempi ovunque, dagli Oracoli Caldaici alla celebre raccolta di incantesimi tardoantichi nota come Papiri Magici Greci.

Uno dei più importanti teurghi della storia greco-romana, Giamblico di Calcide (250 ca. – 330 ca.), raccomandava ai maghi suoi contemporanei di non tradurre o interpretare queste parole, nemmeno nel caso se ne conoscesse la vera origine o l'ipotetico significato, perché il loro potere risiedeva *non nel senso ma nel suono*, attivato dall'atto di pronunciarle, non da quello di comprenderle. Per il praticante di oggi questo si traduce nella possibilità di ottenere un effetto di Gnosi con la ripetizione continua di queste parole, come se fossero un mantra, fino a che non smettiamo di percepirle come parole e lasciamo che si trasformino in un ritmo nella nostra mente. Chi ha competenze musicali potrebbe persino trasformarle in una canzone: so di maghi che lo hanno fatto.

Un'altra possibilità[89] è registrare la nostra voce mentre recitiamo il sigillo-mantra e riascoltarla quando stiamo per addormentarci:

---

89 Suggerita da Ivy Corvus, *Thread Theory: a New Chaos Approach* in *This Is Chaos*, p. 119-120.

nella fase di dormiveglia, infatti, la nostra attività cerebrale entra nella frequenza delle onde theta, che segnalano uno stato di profondo rilassamento simile a quello indotto dalla meditazione o dall'ipnosi, noto anche come fase ipnagogica. Per iniziare a funzionare, questo genere di Gnosi deve protrarsi per almeno una ventina di minuti (approfondirò l'argomento nel capitolo 7).

A questo punto avrete certamente capito come funziona il gioco. Nel libro *La magia dei sigilli*[90] e in altri testi sulla Magia del Caos troverete molti altri esempi di varianti, come la creazione di sigilli usando corrispondenze e simboli planetari, permutazioni numeriche[91] e via dicendo. L'unico limite è la vostra fantasia.

Una volta ho assistito a un rituale di gruppo che è culminato nella creazione di un sigillo in forma di mandala di sabbia colorata. Ciascun partecipante ha scelto una lettera e un colore e poi, munito di un sacchetto di sabbia, ha aggiunto al disegno che si andava via via formando la propria lettera stilizzata e deformata a piacere. Alla fine tutti i partecipanti hanno meditato sulla figura bellissima (a mio avviso) che avevano creato e poi l'hanno distrutta danzandoci sopra.

Una mia amica, maga e cuoca, ha abbinato le ventuno lettere dell'alfabeto italiano a ventuno spezie e i suoi sigilli consistono nella preparazione di cibi, o più spesso di cocktail, con le spezie che risultano dalla riduzione delle lettere. La sua Gnosi consiste nel cantare mentre cucina (sostiene che certe musiche le inducono naturalmente una leggera trance) e una volta concluso il rituale bandisce il suo sigillo. Essendo una persona onesta e sincera, non ha mai somministrato cibi o bevande incantate a qualcuno che non ne fosse al corrente e non avesse richiesto esplicitamente di partecipare ai suoi

---

90 Frater U.·.D.·., *La magia dei sigilli*, p. 107-124.

91 Diversi modi di ordinare gli elementi di un insieme, dove l'ordine è fondamentale e ogni elemento è utilizzato una sola volta.

incantesimi (ma sappiamo bene che nella storia non sono esistiti solo maghi e streghe altrettanto onesti...)

Per quanto mi riguarda, confesso che mi piace ballare lentamente tracciando i sigilli nell'aria con le mani e sul terreno con i piedi, una tecnica descritta in molti testi, che io ho adottato perché mi ricorda la magia usata dai personaggi di una saga fantasy degli anni Novanta che ho amato da adolescente, il *Ciclo di Death Gate* di Margaret Weis e Tracy Hickman. Per quanto concerne i sigilli, ho seguito una consuetudine tipica dei praticanti di Magia del Caos (che conferisce a quest'ultima una parte del suo fascino) ovvero integrare nella prassi elementi provenienti dalla letteratura e dalla cultura pop, ma su questo discorso torneremo più avanti. In passato ho applicato ai miei sigilli anche la tecnica del sogno lucido, ma ne parlerò meglio nella sezione sulla Gnosi.

4.4. Il grimorio del mago-scienziato

Questo è un buon punto per segnalare un aspetto della Magia del Caos a cui avevo già accennato nel capitolo 2: tutti i praticanti che ne hanno parlato, a partire dallo stesso Carroll, consigliano sempre di tenere un diario in cui descrivere scrupolosamente tutti i propri esperimenti di magia e annotarne con cura i risultati. Se ricordate, è un suggerimento che risale già a Crowley, il primo dei "maghi-scienziati": sostituire il tradizionale grimorio dello stregone, su cui semplicemente si trascrivevano le procedure magiche, con un "diario di laboratorio" che riporti con assoluta onestà i successi e i fallimenti, in modo da poter creare un vero e proprio percorso di ricerca.

Tanto per elaborare il concetto, il diario del mago dovrebbe servire fondamentalmente per mostrarvi i metodi che sembrano funzionare meglio per voi, quelli che non vi sono congeniali e, infine, quelli che si possono affinare o correggere per ottenere risultati migliori. Dopo un po', quando avrete abbastanza materiale a vostra disposizione, la consultazione del diario diventerà un ottimo sistema per evitare di perdere tempo e di commettere errori, e in generale servirà per organizzare meglio le attività magiche: pensate anche soltanto a quanto può essere utile una lista dei vostri sigilli in attesa del lancio, di quelli già lanciati e in attesa di esito e di quelli che hanno già funzionato o no. In tal modo si evita di confondersi, parlo per esperienza personale!

Il secondo scopo del diario è rafforzare la fiducia nelle vostre capacità. Se compilate il diario in maniera onesta e continuativa, con il tempo vi renderete conto che *la magia funziona*, e anche quando non funziona (in genere) è facile individuare gli errori di procedura e correggerli nell'esperimento successivo. Se vogliamo è un'applicazione del metodo scientifico che farebbe inorridire la maggior parte degli scienziati... però funziona

5.
RITUALI DEL CAOS

Ora che conoscete il meccanismo fondamentale della Magia del Caos, potete impiegarlo in migliaia di modi possibili. Alan Chapman, un occultista postmoderno spesso in polemica con il pensiero caosiano, ha provato a riassumerlo in questo modo:

1. Decidete che cosa volete che accada.
2. Assicuratevi che quel che volete che accada abbia un mezzo di manifestazione.
3. Scegliete un'esperienza.
4. Decidete che quell'esperienza ha lo stesso significato dell'evento che volete che accada.
5. Mettete in atto l'esperienza che avete scelto.
6. Attendete il risultato[92].

Lo schema in sé non è errato, anzi è un modo legittimo per descrivere il processo di "riprogrammazione della Realtà" di cui abbiamo discusso finora. Chapman è bravissimo nel porre le domande giuste in fatto di pensiero caosiano, ma è altrettanto bravo nel dare le risposte sbagliate. Il suo errore, infatti, consiste nel credere che l'esperienza al centro di un incantesimo possa essere scelta "a caso", ovvero possa essere letteralmente qualunque cosa, basta che la no-

---

92 Alan Chapman, *Advanced Magick for Beginners*, Aeon Books, Londra 2008, p. 37.

stra volontà individuale la colleghi esplicitamente al risultato che vogliamo ottenere (in una pagina precedente del medesimo testo[93] Chapman paragona la magia all'arte).

Tuttavia la pratica magica sia diretta che indiretta mi insegna che l'esperienza di cui stiamo parlando ha molta libertà, ma non può essere totalmente casuale, altrimenti la nostra psiche molto semplicemente si rifiuta di istituire il collegamento: ci devono essere per forza dei rimandi simbolici tra la formulazione del nostro desiderio e l'azione rituale che mettiamo in atto per vederlo realizzato, costruito con simboli che ci sono familiari per cultura, pratica o anche solo a livello personale. Inoltre nello schema Chapman omette intenzionalmente l'elemento della Gnosi, che a suo parere non è indispensabile[94]: un altro punto su cui sono in disaccordo con lui[95].

Di seguito descriverò una serie di rituali di Magia del Caos, tratti dalle fonti più disparate, che illustrano bene questo concetto e che potete utilizzare a vostro piacimento: fate esperimenti, aggiungete o togliete elementi e modificate secondo il vostro gusto e la vostra esperienza, mantenendovi comunque nell'alveo del meccanismo basilare.

5.1. Il Triangolo Alchemico dei Tarocchi

Questo incantesimo è simile a un sigillo ma che, con spirito molto caosiano, mescola simboli ed elementi provenienti da discipline esoteriche che apparentemente hanno poco a che spartire tra loro.

---

93 Chapman, *Advanced Magick for*, p. 34.
94 Chapman, *Advanced Magick for*, p. 42-45.
95 A onor del vero, di recente il pensiero di Chapman ha trovato il sostegno di un importante membro degli IOT come Dave Lee, ma ne parlerò meglio nel capitolo 8.

Si ispira ai suggerimenti[96] della strega del Caos Jaq D. Hawkins, amica di Peter Carroll che condivide con me il fatto di essere un'autrice fantasy oltre che una praticante di magia. Vi serviranno un mazzo di Tarocchi, una candela e una superficie piana su cui disegnare.

Cominciate tracciando sulla superficie un triangolo con la punta rivolta verso l'alto e a ogni angolo tracciate il simbolo di uno dei tre elementi fondamentali dell'alchimia: sull'angolo in alto il Sale, sull'angolo in basso a destra il Mercurio e su quello in basso a sinistra lo Zolfo. Anche chi di voi è digiuno di alchimia sa probabilmente che in questa disciplina il Sale rappresenta la fissità e l'aspetto materiale delle cose, il Mercurio il cambiamento e l'anima femminile e lunare della realtà, e lo Zolfo lo spirito maschile e solare. Dalla mescolanza in proporzioni diverse dei tre deriva ogni forma di materia.7

Una volta stabilito l'intento del vostro rituale, sintetizzatelo in una singola frase e scrivetela, come per creare un sigillo, il che in genere vi aiuta a rimanere sul pezzo.

Poi scegliete una candela di un colore simbolicamente appropriato al vostro intento, mettetela al centro del triangolo e accendetela. I colori simbolici delle candele sono innumerevoli, ma con una breve ricerca online troverete diverse tabelle di corrispondenza: da cui scegliere quella che più vi ispira, tenendo conto che alcune differenze sono tipicamente culturali. Ad esempio un incantesimo d'amore sarà collegato un po' ovunque ai colori rosso e rosa; un in-

96 Jaq D. Hawkins, *Chaos or Order: a Chaos Magic Approach to the Tarot* in *This is Chaos*, pp. 51-52.

cantesimo per ottenere denaro, nel continente americano, è collegato al verde per via del colore delle banconote, mentre in Italia, dove richiama l'espressione "essere al verde", questo colore non è collegato al denaro. Nel nostro paese, il denaro è più facilmente collegato al giallo, associato all'oro. La Magia del Caos dispone una sua tabella di corrispondenze dei colori, ormai divenuta tradizionale, che potete vedere più avanti nel paragrafo 5.5. In tal senso, a titolo esemplificativo, eccovi un esempio: poniamo che non vi piaccia il vostro attuale lavoro e vogliate manifestarne uno nuovo: nel sistema caosiano si sceglierebbe una candela blu, che indica progresso e successo.

Ora sfogliate il vostro mazzo di Tarocchi e scegliete quattro carte (se non siete pratici riguardo ai significati dei Tarocchi aiutatevi con uno di quei manualetti di solito abbinati ad ogni mazzo). La prima rappresenta ***la vostra situazione attuale***, ovvero come le cose come sono adesso; una volta che l'avrete scelta, posatela sopra il simbolo del Sale annunciandone ad alta voce il significato. Nel nostro esempio si potrebbe usare la carta dell'Appeso (Arcano n. XII), che simboleggia una stasi, un momento in cui ci troviamo "sospesi" e senza possibilità di muoverci da soli.

La seconda carta rappresenta ***la direzione del cambiamento*** che vorremmo: potremmo usare per esempio la Ruota della Fortuna (Arcano n. X), che indica che gli eventi ricominciano a "girare" verso un futuro più fortunato, appunto. Anche questa, previa lettura ad alta voce del suo significato, va posata sopra un simbolo, del Mercurio in questo caso.

La terza carta deve indicare ***la natura del cambiamento***, ossia quello che effettivamente vorremmo che accadesse: qui possiamo usare volendo il Fante di Bastoni, che rappresenta un messaggero portatore di buone notizie (per noi potrebbe essere l'offerta di un nuovo lavoro). Questa carta va posata sul simbolo dello Zolfo.

La quarta carta indica il risultato, la ***situazione che auspichiamo:*** andrebbe bene il Re di Denari, simbolo di una persona florida, materialmente stabile e appagata. Questa carta va posata sopra la prima carta della disposizione, ma in modo che si vedano entrambe.

È importante che le carte siano quattro e non tre, perché con la quarta figura stiamo "rompendo lo schema" costituito dal triangolo, introducendo nel processo alchemico una nota di caos dalla quale possono germogliare nuove realtà.

Terminati questi gesti rituali, trovate una forma di Gnosi che vi permetta di "liberare" il simbolo che avete creato, come se fosse un sigillo. In questo caso, se desideriamo un cambiamento non troppo dirompente, io suggerisco una Gnosi "dolce" e di tipo meditativo, per esempio qualche minuto di *trataka* fissando la candela al centro del triangolo. Quando l'incantesimo è concluso bandite il rituale con una risata, spegnete la candela, mettete via tutto e non pensateci più.

Il bello di questo rituale, oltre alla sua semplicità di esecuzione, è che mischia alchimia, Tarocchi, magia delle candele e magia dei sigilli in un amalgama anarchico ma assolutamente coerente: anche questo è Magia del Caos.

5.2. Legare il destino: i nodi

Io sono sempre stato affascinato dal valore magico dei nodi e ricordo che ne studiavo la storia e la simbologia anche prima di conoscere la Magia del Caos; approfondendo l'argomento, mi sono reso conto che in quest'ultima i nodi magici si integrano perfettamente.

Un incantesimo che uso da molti anni per risolvere rapidamente piccoli problemi quotidiani si compone di nove nodi e della recita di una formula tradizionale del folclore anglosassone: la versione (rielaborata) che impiego è tratta da *The Urban Primitive* di Raven Kaldera e Tannin Schwartzstein[97], ma ne circolano anche diverse versioni. L'u-

97 Raven Kaldera e Tannin Schwartzstein, *The Urban Primitive. Paganism in the Concrete Jungle*, Llewellyn Publications, Woodbury, Minnesota 2002, p. 23-24.

nica cosa che vi occorre è un filo di materiale facilmente deperibile e abbastanza lungo per nove nodi distanziati (io, che ho i capelli lunghi, in mancanza d'altro ho usato spesso uno dei miei capelli).

Tenete il filo teso tra le mani e pronunciate a voce alta l'intento del vostro incantesimo, poi legate in sequenza nove nodi distinti recitando nel contempo questa cantilena (in inglese è in rima perciò io preferisco recitarla in quella lingua, ma sotto ho riportato la versione in italiano):

By knot of one, the spell's begun,
By knot of two, I make it true,
By knot of three, so mote it be,
By knot of four, the open door,
By knot of five, the spell's alive,
By knot of six, the spell is fixed,
By knot of seven, the Earth and Heaven,
By knot of eight, the Stroke of Fate,
By knot of nine, the thing is mine.

Con il primo nodo, l'incanto ha inizio,
Con il secondo nodo, lo rendo reale,
Con il terzo nodo, così possa essere,
Con il quarto nodo, la porta si apre,
Con il quinto nodo, l'incanto prende vita,
Con il sesto nodo, l'incanto è fissato,
Con il settimo nodo, la Terra e il Cielo,
Con l'ottavo nodo, il Rintocco del Fato,
Con il nono nodo, la cosa è nelle mie mani.

Terminata l'operazione, stringendo il filo nel pugno applicate qualche forma di Gnosi semplice e rapida, come una breve iperventilazione o una visualizzazione subitanea e intensa (se siete in grado di fare cose del genere), poi distruggete il filo (io in genere lo brucio con un accendino, soprattutto se ho usato un capello) e bandite con la solita risata. Come dicevo, nella mia esperienza è un incantesimo molto utile per le questioni irrisolte di tutti i giorni: "annodando il destino" si può sbloccare una telefonata o una email che non arrivano, ritrovare un oggetto smarrito, far cambiare idea a qualcuno in una discussione. L'ho visto usare con successo anche per aiutare chi fatica ad addormentarsi.

Questo ovviamente è solo un esempio. Potete trovare ispirazione per molteplici nodi incantati online o su testi come *Knot Magic* [98] da cui ho preso i seguenti tre incantesimi.

Se volete portare pace e armonia in una casa usate l'incantesimo dei Nodi sulla Scala[99] (la casa deve avere una scala con una balaustra con almeno cinque gradini). Prendete una lunga cordicella e alle prime luci dell'alba salite sul primo gradino e fissate con un nodo alla balaustra una rosa (vera o di un materiale qualsiasi), che simboleggia il dono che facciamo a chi vogliamo sia felice. Al secondo gradino legate l'immagine di una libellula, simbolo di pace e amore. Al terzo gradino legate una vecchia chiave, per aprire le porte a un futuro gioioso. Al quarto gradino legate un piccolo gioiello (non necessariamente autentico), simbolo di ricchezza e prosperità. Al quinto gradino legate un fiore di loto (vero o finto), simbolo di maturità spirituale. Giunti in cima alla scala applicate la tecnica di Gnosi che preferite e poi bandite con una risata, ma lasciate gli oggetti annodati al loro posto.

Se avete dita agili potete costruire il Cerchio delle Colombe di Afrodite[100], che rende più affascinante e seducente chi lo indossa. Dovete prendere un filo dorato piuttosto lungo e intrecciarlo secondo lo schema detto "catenella" o *monkey braid* in inglese ("treccia della scimmia").

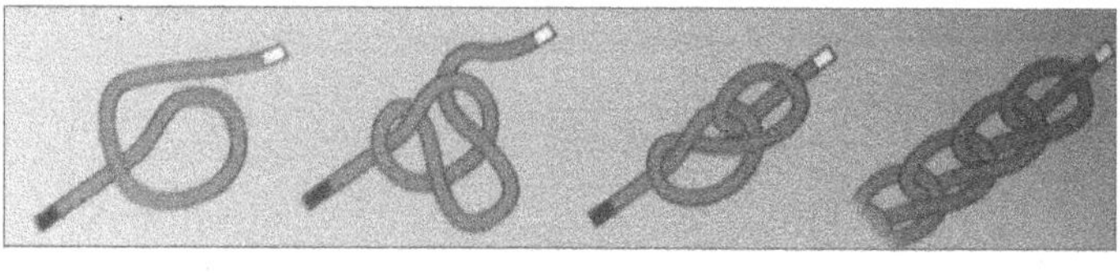

98 Ed. it. Sarah Bartlett, *Incantesimi con i nodi*, Armenia, Milano 2020.
99 Sarah Bartlett, *Knot Magic*, Wellfleet Press, New York 2020, p. 38-39.
100 Bartlett, *Knot Magic*, p. 18-19.

Mentre intrecciate, invocate il nome di Afrodite, dea dell'amore e della seduzione nell'antica Grecia, e il nome della persona che volete affascinare se l'incantesimo è diretto a qualcuno in particolare. Può darsi che l'operazione stessa con la sua ripetitività, magari accompagnata da musica o altri suoni, vi induca una leggera trance che diventerà la vostra Gnosi: in caso contrario applicate una tecnica di Gnosi di vostro gradimento quando avrete finito il lavoro, tenendo l'intreccio in mano e ripetendo di nuovo l'invocazione e il vostro intento. Poi andate a formare con l'intreccio un braccialetto e indossatelo, per esempio quando uscite la sera o andate a un appuntamento. La mattina dopo ricordatevi di buttarlo via e di bandire l'incantesimo con una risata.

Infine, se avete un progetto a cui tenete molto e volete che l'universo vi sgombri la via dagli ostacoli, usate il Triangolo del Vero Desiderio[101], per il quale occorrono solo tre nastri di stoffa bianca. Scrivete il vostro intento su ciascuno di essi (potete anche ridurre le lettere come si usa per i sigilli), poi a mezzogiorno uscite all'aperto, in un luogo appartato e fate un nodo al centro di ogni nastro leggendo ad alta voce le scritte di ciascuno di essi. Fatto questo, annodate i tre nastri in modo che formino un triangolo, mettetelo a terra, entrateci e, rimanendo in piedi, applicate un metodo di Gnosi di vostra scelta (consigliati i sistemi brevi e intensi, ai limiti della "violenza"). Poi bandite con una risata e liberatevi di tutto il materiale.

Se poi siete capaci di tessere, ricamare, lavorare a maglia o all'uncinetto, la magia dei nodi apre possibilità pressoché infinite: pensate a quanti incantesimi potreste intessere nei vostri lavori, letteralmente "nascondendoli in piena vista"!

5.3. Gli Dèi del traffico

Mettiamo un po' da parte il rigore dei metodi esaminati finora, per ricordarci che la Magia del Caos è anche – e soprattutto, se voglia-

101 Bartlett, *Knot Magic*, p. 98-99.

mo – divertimento e immaginazione: se non giochiamo con il fantastico non siamo veramente nel paradigma caosiano. Ora, la magia deve aiutarci innanzi tutto nella vita di tutti i giorni, e quale problema delle nostre giornate è più irritante e potenzialmente dannoso del traffico cittadino?

Dunque, se vi ritrovate imbottigliati in un ingorgo all'ora di punta, schiumanti di rabbia perché siete attesi da qualche parte già da una decina di minuti, è il momento di invocare l'aiuto di GOFLOWOLFOG, lo spirito guida degli automobilisti che hanno fretta!

GOFLOWOLFOG (il cui nome viene dall'inglese *go flow*, "segui il flusso", scritto prima normalmente e poi al contrario) è una forma-pensiero, un'entità incorporea creata con la magia per servire uno scopo specifico: nella prossima sezione del libro ne spiegherò in dettaglio il significato, ma per ora non è strettamente necessario. Quel che vi è richiesto al momento è di "fare come..." se questa entità fosse reale, o "fare finta" se preferite: qualcosa che i bambini fanno in continuazione, e loro spesso capiscono la magia più di noi adulti. GOFLOWOLFOG ha l'aspetto di un gatto con gli occhiali da sole che sfreccia nel traffico a bordo di uno skateboard. In origine fu creato a Londra negli anni Ottanta durante un rituale di gruppo guidato dal già citato Phil Hine[102], ma da allora si è diffuso in lungo e in largo, soprattutto nel Web, quindi si può dire che oggi goda ampiamente di vita propria.

Per invocarlo bisogna urlare il suo nome e poi visualizzarlo mentre fende le ondate di traffico sul suo skateboard, aprendosi alle sue spalle una via che anche voi potete seguire alla stessa velocità. Potete anche aggiungere la componente sonora del suo richiamo: un potente "Miaaooo!" che risuona mentre vi sfreccia accanto. Né il gatto né lo skateboard hanno un colore definito:

---

102 Phil Hine, *Aspects of Evocation*, Independently Published, Londra 1988, p. 22-24.

l'importante è solo che il felino porti degli occhiali da sole e abbia un'aria molto *cool* e rilassata: è lui il padrone della strada, il traffico non lo spaventa né lo agita minimamente. Come tutti gli spiriti che si rispettano, ha anche un suo simbolo: due frecce orizzontali parallele circondate da un cerchio e orientate in direzioni opposte, pare funzioni anche quando il vostro treno si è fermato senza una ragione apparente.

La difficoltà di questo incantesimo sta nella Gnosi, che è affidata totalmente alla visualizzazione: per fare le cose come si deve dovreste riuscire ad avere almeno per un istante l'immagine perfetta di GOFLOWOLFOG che vola tra le macchine, il che non è una capacità mentale alla portata di tutti, soprattutto se ci si trova al volante in preda al nervosismo. Se non siete in auto da soli e i vostri compagni di viaggio sono compiacenti, potete chiedere il loro sostegno e trasformare l'incantesimo in un piccolo rituale di gruppo: vi garantisco che funziona!

Una volta usciti dal traffico, è tradizione ringraziare lo spirito compiendo un atto di gentilezza per i gatti (per esempio, nutrire un gatto randagio) o per un automobilista in difficoltà.

Restando in tema di divinità metropolitane, se il traffico può essere un incubo, trovare parcheggio spesso non lo è da meno: ed è in questo frangente che viene in nostro aiuto Squat, la dea dei posteggiatori e di chi si alza presto al mattino. Squat è descritta una donna imponente in salopette: se invocata in maniera corretta occupa il posto che stiamo cercando e, rimanendo invisibile, lo mantiene libero per noi. Per invocarla bisogna pronunciare ad alta voce il suo nome, farle un complimento, chiederle di trovarci parcheggio e offrirle il sacrificio che ama di più: una barzelletta sporca. Più di ogni altra storiella, le piacciono le barzellette sconce sulle suore. Deve trattarsi di una barzelletta che almeno una delle persone presenti in auto non conosce e deve suscitare spontanea ilarità, autentico divertimento, perché è proprio la battuta che costituisce la Gnosi di questo incantesimo (ho copiato di proposito sul mio cellulare una lista di barzellette sulle suore, che non ho ancora letto, da usare al momento del bisogno). Squat è citata nel noto *The Urban Primitive*, dove potrete trovare varie altre divinità e spiriti metropolitani con molte funzioni utili.[103]

Se poi preferite andare a piedi (come darvi torto!?), vi conviene munirvi di appropriate parole magiche, soprattutto per destreggiarvi nelle grandi arterie delle metropoli. A tale scopo, esiste un metodo chiamato *sidewalking* ("camminare di lato", "lungo i margini") descritto in dettaglio nel bellissimo libro *City Magick* di Christopher Penczak[104], di cui vi offro una versione sintetica.

Innanzi tutto decidete se siete in cerca di una parola magica specifica (per proteggervi quando camminate la sera, per farvi arrivare più in fretta a destinazione o per trovare un luogo particolare, e così via) o se lasciate libera la città di suggerirvene una a sua scelta. Optate per una meta e una direzione, ma senza essere troppo precisi, oppure stabilite per quanto tempo resterete fuori. Se avete una divinità tutelare, un angelo o uno spirito totemico, chiedete la loro protezione e la loro guida lungo il tragitto, altrimenti potete rivolgere la vostra preghiera alla città stessa o persino a voi stessi.

Ora uscite e mettetevi in cammino, possibilmente in uno stato mentale rilassato e ricettivo. Non pensate ai vostri problemi o agli impegni che vi attendono, focalizzate i vostri sensi sull'ambiente esterno e prestate attenzione. Osservate le facciate degli edifici, le vetrine, i cartelli, i graffiti sui muri, cercando di cogliere dettagli a cui di solito non badate. Ascoltate i rumori intorno a voi, le voci dei passanti, i clacson, i ronzii e i suoni dei macchinari. Inspirate l'odore dell'aria, rilevando dove vi piace e dove no. Cercate di capire come cambia il terreno sotto i vostri piedi da una zona all'altra, anche se portate le scarpe. Attivate anche i vostri sensi "invisibili", e fate caso

103 Kaldera & Schwartzstein, *The Urban Primitive*, p. 55-68.
104 Christopher Penczak, *City Magick. Urban Rituals, Spells and Shamanism*, Weiser Books, San Francisco 2001, p. 79-83 e p. 173-174.

se certi luoghi o certe persone vi rimandano una vibrazione positiva o negativa. Questo procedimento, se fatto bene, vi farà entrare in uno stato mentale sottilmente alterato (seppur sempre vigile), che costituirà la vostra Gnosi.

In mezzo a tutto questo, fate attenzione se vi arrivano parole o sillabe: in forma di suoni, scritte o anche solo di pensieri momentanei; non importa se hanno senso o no. Annotatevele tutte (io lo faccio sul cellulare) e una volta tornati a casa trascrivetele. A queste parole che la città vi ha suggerito potete applicare tutte le tecniche descritte per i sigilli: potete trasformarle in mantra da recitare all'occorrenza, scriverle sui vostri abiti o sulla vostra auto come talismani da viaggio, o anche ricavarne sigilli veri e propri.

5.4. Demoni nello specchio

Dalla notte dei tempi, gli specchi sono un potente strumento nelle mani dei maghi. Qui sotto vi propongo due impieghi delle superfici riflettenti tipicamente caosiani, uno che potremmo definire di auto-aiuto e l'altro... un tantino più vendicativo.

Il primo incantesimo esiste in molte varianti, ma questa è quella con cui io ho maggiore familiarità e ha lo scopo di aiutarci a gestire aspetti di noi stessi che non ci soddisfano. Tutti abbiamo abitudini dannose, tratti caratteriali che detestiamo, reazioni automatiche che non vorremmo avere ma che inevitabilmente sfuggono al nostro controllo nei momenti più inopportuni: magari siamo più irascibili di quanto vorremmo, o ci sentiamo gelosi in maniera patologica, o semplicemente non riusciamo a rinunciare agli zuccheri, "i nostri demoni", che a volte sono un vero inferno. Ed è qui che la Magia del Caos ci suggerisce: perché non trattarli *sul serio* come demoni che vivono dentro di noi e fare con loro quello che si fa con i demoni, ovvero esorcizzarli?

Con questo incantesimo possiamo intrappolare una parte della nostra personalità ed espellerla temporaneamente da noi. È importante notare che si tratta di un effetto temporaneo: il demone che stiamo scacciando è comunque una parte di noi e prima o poi ritroverà la via di casa. Per eliminarlo veramente occorrono terapia, pazienza e un lungo lavoro su noi stessi. Questo incantesimo può darci sollievo, concederci del tempo per rimetterci in sesto ed essere in condizione di affrontare il nostro diavoletto quando sarà di ritorno.

Ci serviranno uno specchio (di cui possiamo fare a meno), un panno nero, un pezzo di corda e una candela. Dopo il tramonto, una volta che ci siamo ritirati in una stanza buia in solitudine, accendiamo la candela e poniamola alle nostre spalle, in modo che faccia luce ma non si veda nello specchio che terremo davanti a noi. Identificato con chiarezza il demone che vogliamo attaccare (meglio se gli assegniamo un nome preciso), cominciamo a fissarci nello specchio, cercando di guardare con l'occhio destro nell'occhio sinistro della nostra immagine riflessa. Se pensiamo di farcela, cantileniamo il nome del demone.

Questa tecnica di meditazione visiva, simile al *trataka*, ci farà entrare pian piano in uno stato di coscienza lievemente alterato, che porterà alla comparsa del demone: ci renderemo conto che si sta manifestando quando vedremo i nostri tratti che cominciano a deformarsi. Quando siamo sicuri di averlo davanti a noi, dobbiamo chiamarlo per nome e urlargli: "Io ti vincolo per tre volte in questo specchio!". Poi dobbiamo coprire rapidamente lo specchio con il panno nero, avvolgerlo con la cordicella facendo tre nodi ben stretti e bandire con una fragorosa risata (con una sfumatura di trionfo). A quel punto buttiamo via lo specchio, meglio se in un camion dell'immondizia o in un corso d'acqua che lo allontani da casa nostra. Il demone ci darà tregua per un po': alcuni miei amici hanno tratto giovamento da questo metodo.

Il secondo incantesimo è una variante del primo con la quale possiamo trasformare il nostro demone interiore in un'arma e mandarlo a infastidire qualcun altro. In pratica si tratta di usare un nostro tratto caratteriale o un sentimento aggressivo (in genere gelosia, rabbia, desiderio sessuale e simili) per dare vita a una vera e propria forma-pensiero temporanea, con lo scopo di tormentare qualcuno a cui certamente non vogliamo bene. Questa versione si trova in *The Paradigmal Pirate* di Joshua Wetzel, membro di vecchia data degli Illuminati di Thanateros che non va per il sottile nelle sue tecniche magiche[105].

ATTENZIONE: si tratta di un vero e proprio incantesimo di magia nera, che ha come unico scopo nuocere al prossimo. Lo descriverò per completezza, ma *sconsiglio vivamente* a chiunque di farne uso.

Il procedimento è simile al precedente, ma non servono panni o corde per legare lo specchio. Molti di quelli che lo hanno provato suggeriscono di scrivere sul retro dello specchio lo scopo per il quale si vuole inviare il demone, ancora meglio se in forma di sigillo. Quando il demone apparirà dovrete ricordargli che siete voi il padrone e lui è una parte di voi, dunque vi deve obbedienza: a quel punto espliciterete ad alta voce la sua missione, distoglierete lo sguardo dallo specchio e cancellerete il sigillo. L'entità tornerà da voi con il suo carico di emozioni negative quando avrà svolto il suo compito (e vi porterà in regalo un bel po' di cattivo *karma*...)

5.5. Magia del fuoco

Maghi e streghe hanno sempre avuto un rapporto ambiguo con il fuoco, che da tempi immemorabili è usato in rituali di purificazione, veggenza, trasformazione, guarigione, ma è spesso servito anche a inquisitori, magistrati e altri nemici per liberarsi dei cultori della magia. A mio avviso i caosiani oggi tendono a trascurare le potenzialità di questo elemento, che finisce per essere usato quasi esclusivamente nelle tecniche di Gnosi o come metodo per distruggere i

105 Joshua Wetzel, *The Paradigmal Pirate*, Immarion Press/Megalithica Books, Stafford 2006, p. 61-63.

sigilli "scaduti": ecco perché ci tengo a dare qualche suggerimento su come impiegarlo in maniera proattiva.

Esiste per esempio il metodo della cosiddetta "candela da richiesta", che si presta perfettamente all'applicazione caosiana. La versione che descrivo di seguito deriva dalla tradizione Hoodoo di New Orleans[106], ma ne troverete varianti in molti altri ambiti. Come gran parte dei rituali Hoodoo e Vudù, questo procedimento nasce dalla fusione sincretica di elementi africani e cristiano-cattolici, e si basa su due principi: l'offerta della luce a un'entità superiore e il fatto che la candela, sciogliendosi, manifesta simbolicamente tutti e quattro gli elementi (terra nel corpo della candela, fuoco nella fiamma, acqua nella cera liquida e aria nel fumo.) La versione originale segue una ritualità complessa e precisa, ma noi, in quanto caosiani possiamo cavarcela tranquillamente con una versione semplificata.

Innanzi tutto occorre una candela del colore simbolico appropriato alla nostra richiesta. Come dicevo sopra, esistono innumerevoli sistemi di corrispondenza, e anche la Magia del Caos ne ha uno:

Arancione: intelligenza, astuzia, sotterfugio
Blu: successo, acquisizione, progresso, esperienza
Giallo: individualità, trasformazione personale
Nero: distruzione, ciclo vita-morte-resurrezione
Rosso: aggressività, violenza, discordia
Verde: amore, amicizia, solidarietà, guarigione
Viola: sesso, desiderio, attrazione[107]

---

106 Il riferimento è Andrea Bocchi Modrone, *Le Livre du Vaudou. Misteri e segreti di una religione*, Edizioni Il Crogiuolo, Milano 2003, p. 180-191.
107 Nel sistema caosiano esiste un ottavo colore, l'*ottarino* (il nome è stato ispirato a Peter Carroll dai romanzi della serie del *Mondo Disco* di Terry Pratchett), che non può essere percepito dall'occhio umano e che simboleggia la magia nella sua forma pura.

A questo punto dobbiamo formulare il nostro desiderio come se si trattasse di un sigillo e scriverlo su un foglietto di carta marrone, un elemento tradizionale dell'Hoodoo che rimanda alla carta di infima qualità del XIX secolo, l'unica che i praticanti originari di questo sistema potevano permettersi. Oggi possiamo usare della carta per pane o per alimenti, o ritagliarne un pezzo dai sacchetti sempre usati per il pane. Volendo, al posto della frase si può disegnare un sigillo vero e proprio, ma in questo caso anche la frase per esteso andrà bene, perché durante l'incantesimo il foglio verrà piegato e dunque la frase rimarrà "invisibile". Una variante per chi ha la mano ferma e molta pazienza consiste nell'incidere le lettere o il sigillo direttamente sulla candela usando uno spillo.

Il foglietto va poi piegato in quattro e legato alla candela con una cordicella realizzata solo con materiali naturali (lana, cotone, canapa e simili, escludendo il nylon o altra fibra sintetica). A questo punto inizia la parte propriamente rituale dell'incantesimo. Nell'Hoodoo si accende la candela e si comincia a recitare una novena, ossia una sequenza di preghiere rivolte a un Loa (spirito) o a un santo cattolico (ogni Loa è identificato con un santo, poiché si ritiene che siano due manifestazioni della medesima entità spirituale); le invocazioni vanno ripetute per nove giorni. Una volta che la candela si sarà consumata del tutto bruciando anche il foglietto, l'incantesimo sarà concluso.

La nostra versione caosiana non deve durare per forza così a lungo, né coinvolgere necessariamente un'entità spirituale: l'importante è che a questo punto si immetta la Gnosi, che può essere indotta osservando la fiamma della candela (*trataka*), con la meditazione, con qualche visualizzazione molto intensa o con il mezzo che riterrete più opportuno. Potete accendere la candela e, se ci riuscite, rimanere in uno stato di Gnosi fino a quando non si è consumata, ma anche una Gnosi molto più breve sarà ugualmente efficace: basta che il punto focale della vostra attenzione sia la candela che brucia. Se poi vi piace l'idea di imitare la novena dell'Hoodoo, potete applicare una breve Gnosi per otto giorni consecutivi, accendendo la candela quando state per entrare nello stato mentale alterato e spegnendola quando ne uscite. L'ultimo giorno, invece, la accenderete e la lascerete bruciare fino in fondo. Non dimenticate di bandire il rituale con una risata quando la candela e il foglietto si saranno consumati.

Una variante, usata in genere per agire su una persona che non è il mago, è usare una candela associata al segno zodiacale del bersaglio, anziché una del colore allineato all'intento. Volendo, potete anche unire i due elementi procurandovi una candela di due colori, oppure fabbricandovela da soli: vi basterà prendere due candele dei due colori appropriati, tagliarle e saldare le due metà di colori diversi usando un accendino. Nell'Hoodoo le corrispondenze dei colori con i segni zodiacali sono:

Ariete: rosso
Toro: verde
Gemelli: marrone
Cancro: bianco
Leone: oro
Vergine: blu
Bilancia: verde
Scorpione: rosso
Sagittario: blu
Capricorno: nero
Acquario: bianco
Pesci: blu

Il rituale Hoodoo coinvolge vari altri elementi, quali erbe e oli essenziali legati allo scopo dell'incantesimo da cospargere sulla candela e il foglietto; se desiderate aumentare la carica simbolica usando anche questi elementi dovrete fare un po' di ricerca per conto vostro[108].

---

108 Un buon punto per iniziare può essere Catherine Yronwode, *Hoodoo Herb and Root Magic*, Lucky Mojo Curio Company, Forestville, California 2002.

Esistono ovviamente molti rituali meno articolati, per ottenere risultati semplici e rapidi.[109] Se per esempio volete suscitare in voi stessi una qualità simbolicamente associata al fuoco – come coraggio, determinazione, chiarezza o aggressività – vi bastano una candela, un carboncino, un paio di pinzette per bloccarlo, e una ciotola d'acqua. Accendete la candela, entrate in un stato di Gnosi appropriato e, stringendo il carboncino con le pinzette, cominciate ad arroventarlo sulla fiamma: a mano a mano che diventa rosso sul fuoco, fissatelo inspirando ed espirando lentamente, e a ogni respiro immaginate di assorbire dal suo calore sempre più intenso tutto il coraggio o la decisione, o altro, di cui avete bisogno. Quando sentite che la pressione nella vostra mente sta raggiungendo il limite immergete il carboncino nella ciotola d'acqua, spegnete la candela e bandite con una risata. Semplice, no?

Il fuoco, si sa, è anche una grande forza purificatrice, e lo si può usare per "ripulire" un ambiente e prepararlo ad accogliere un rituale specifico, una meditazione o magari anche soltanto una cena tra amici durante la quale si voglia bandire qualsiasi energia negativa che venga a disturbare la pace. Uno dei sistemi caosiani per farlo è il seguente: esplicitate in una frase quale tipo di energia volete che pervada un certo spazio (calma e pace, attenta concentrazione, vago senso di eccitazione ecc.) o, al contrario, quali energie volete escludere (collera e nervosismo, delusione, tristezza ecc.) Trasformate la frase in un sigillo e trascrivetelo innumerevoli volte su una lunga strisciolina di carta sottile (un'operazione noiosa, ma necessaria). Poi scegliete una bacchetta di incenso con un profumo di vostro gusto e avvolgeteci la strisciolina attorno. A questo punto entrare in uno stato di Gnosi (che vi permetta di muovervi liberamente e senza fare danni!), accendete la bacchetta e girate per la stanza spargendo il fumo incantato: se ci riuscite, potete anche disegnare il sigillo nell'aria con la bacchetta,

109 Gli esempi sono elaborati a partire da Elder Phoenix, *The Blazing Grimoire*, Independently Published, 2025.

tutte le volte che volete. Quando la bacchetta e la strisciolina di carta sono consumate, bandite con una risata.

Se vi affascinano le candele e i rituali che le circondano, un ottimo testo di riferimento è *Practical Candleburning Rituals* di Raymond Buckland[110].

5.6. Riscrivere il passato: il Libro Nero

Tutti gli incantesimi che abbiamo esaminato finora hanno come scopo introdurre delle modifiche nella realtà presente per ottenere determinati risultati in un futuro più o meno prossimo. Ma se fosse possibile persino *riscrivere il passato* in modo che sia il nostro presente – o quantomeno il futuro immediato – a cambiare?

Suona troppo assurdo? Eppure almeno una tecnica per farlo è stata elaborata per davvero, ed è descritta nel libro *Weaving Fate*[111] di Aidan Wachter, stregone-animista anarchico che non appartiene a nessun gruppo organizzato ma fa comunque parlare di sé da anni nella comunità esoterica internazionale. La spiegazione completa del suo metodo riempirebbe l'intero volume: ne darò qui una versione ampiamente ridotta, che tuttavia dovrebbe produrre comunque risultati concreti.

In sostanza si tratta di tenere una sorta di diario incantato, detto appunto il Libro Nero (*Black Book*), nel quale non descriviamo la nostra vita reale ma quella che vorremmo vivere, con opportuni accorgimenti che ci permettono di trasformare le nostre parole in riprogrammazione della realtà. Wachter definisce il Libro un Iper-Sigillo, ossia un sigillo che si espande oltre la forma base, sulla scorta del concetto elaborato da Grant Morrison (ne abbiamo parlato nel capitolo 2).

---

110 Raymond Buckland, *Practical Candleburning Rituals. Spells & Rituals for Every Purpose*, Llewellyn Publications, Woodbury, Minnesota 2002

111 Aidan Wachter, *Weaving Fate. Hypersigils, Changing the Past and Telling True Lies*, Red Temple Press, USA 2020.

Tutto l'occorrente consiste in un diario o un quaderno intonso, una penna e uno spazio fisico (una mensola, un cassetto, un tavolino...) da dedicare esclusivamente a questo rituale. Wachter suggerisce di scegliere un diario dall'aspetto "importante" (per esempio, con una bella copertina nera e rigida) e di consacrare tutti e tre gli elementi – libro, penna e spazio – in modo che nella vostra mente acquisiscano lo status di oggetti assolutamente speciali, separati dalla vita di tutti i giorni. I metodi di consacrazione che descrive sono affascinanti ed elaborati, ma voi potete usare qualunque sistema preferite. Se tuttavia non ne conoscete nessuno o se volete rimanere sui metodi più semplici, seguite le mie istruzioni: congiungete le mani e concentrate la vostra attenzione nel punto dove i palmi si toccano. Sfregate forte le mani tra di loro e avvertite l'aumento del calore, poi appoggiatele entrambe sull'oggetto e visualizzate la vostra energia che fuoriesce da voi e penetra nell'oggetto. Questa semplice offerta – che potete ripetere ogni volta che ne sentite il bisogno – fa in modo che una piccola parte di voi entri in ciò che state consacrando: l'oggetto ne risulta purificato e "caricato" e al contempo si instaura tra voi e l'oggetto stesso un legame invisibile ma reale (ho mutuato questo trucco da *The Sorcerer's Secrets* di Jason Miller[112], volumetto che è un'autentica miniera di suggerimenti utili per i maghi di ogni estrazione).

Ora siete pronti per usare il Libro Nero. Wachter raccomanda di fare in modo che il vostro accesso al Libro sia sempre "fuori dallo spazio e dal tempo", tutti i giorni: potete magari aprire ogni sezione di scrittura con un gesto rituale prima di sedervi, o magari con una preghiera, una breve meditazione o un piccolo rito di purificazione. I momenti migliori, a suo dire, sono la sera prima di andare a letto o la mattina appena svegli. Il procedimento è semplice: descrivete la giornata appena trascorsa, proprio come si farebbe su un normale

112 Jason Miller, *The Sorcerer's Secrets. Strategies in Practical Magick*, New Page Books/Weiser, Newburyport 2009, p. 44.

diario, ma mettendo al posto di qualcosa che vi è accaduto realmente qualcos'altro che avreste voluto vi accadesse.

Può trattarsi di qualcosa che non è successo oppure di un vostro comportamento che avreste voluto evitare. Ad esempio, immaginiamo che nel pomeriggio abbiate incontrato in palestra una persona che a pelle vi piace, ma per timidezza siete riusciti a spiccicare solo qualche parola. Sul Libro scrivete una versione alternativa dei fatti: raccontate come avete intavolato una conversazione vera e propria, come la persona abbia reagito positivamente e magari come abbiate finito per scambiarvi i numeri di telefono. Aggiungete dettagli, se siete in vena di farlo; secondo Wachter, più il racconto è vario, meglio è per la magia. Quando avete terminato, entrate in un breve stato di Gnosi contemplando la pagina (o, se siete in grado di farlo, scrivete già direttamente immersi nella vostra Gnosi) e infine bandite il rituale: Wachter lo fa firmando in fondo alla pagina, poi (dopo essersi leccato il polpastrello dell'indice) imprime la sua impronta sotto la firma.

Non c'è bisogno che scriviate tutti i giorni, ma con l'andare del tempo il vostro Libro Nero dovrebbe diventare una sorta di cronaca di una vita alternativa, dove vi accadono le cose che più desiderate. È ovvio che il vostro passato non cambierà in senso letterale, ma l'incantesimo, se eseguito a dovere, comincerà pian piano ad attirare nel vostro presente elementi dell'altra vita: alcune delle cose che avete scritto cominceranno ad accadere davvero, magari non in forma identica a come le avete raccontate ma simili nella sostanza. Se poi cambiate idea e non desiderate più un determinato cambiamento, vi basterà strappare la corrispondente pagina del Libro.

5.7. Defissioni postmoderne

A questo punto mi voglio sbilanciare e presentarvi l'unico rituale che troverete in queste pagine con l'effettiva potenzialità di danneggiare qualcuno ma che al contempo mi sento moralmente in diritto di usare in determinate circostanze (la ragione sarà chiara tra breve).

Quando nell'antichità greco-romana qualcuno riteneva di aver ricevuto un torto, spesso reagiva con un incantesimo chiamato *defissione* (*defixio* in latino, dal verbo *defigere*, "inchiodare")[113]. Era una forma di magia molto comune, al punto che il più delle volte veniva formulata dalla stessa persona che chiedeva vendetta più che da un professionista dell'occulto. In sostanza si trattava di prendere una laminetta di piombo e, usando un chiodo, scriverci sopra il nome della persona contro cui si chiedeva vendetta e un'invocazione alle divinità degli Inferi perché "evadessero la pratica". Poi si piegava la lamina in due, la si trapassava con il chiodo (da qui il nome, che indica letteralmente l'atto del trafiggere qualcosa) e la si gettava in un pozzo, in una fonte o in una caverna, insomma in una qualsiasi apertura che si pensava potesse farla arrivare fino all'Oltretomba. Gli archeologi ne hanno ritrovati migliaia di esemplari sparsi in tutto il territorio dell'Impero romano.

Replicare la procedura oggi con gli stessi materiali dell'antichità sarebbe complicato – innanzi tutto, dove trovare una laminetta di piombo? – ma soprattutto tradirebbe lo spirito dell'incantesimo: dovete sapere, infatti, che i chiodi usati e i frammenti dei piatti di piombo si trovavano normalmente ai margini delle strade dell'antica Roma, residui della costruzione e della manutenzione delle tubature pubbliche. Si trattava dunque di un incantesimo effettuato con materiali di scarto che chiunque poteva procurarsi, quindi oggi a mio avviso è più corretto replicarlo con equivalenti moderni ugualmente umili e comuni: un pezzetto di carta e un mozzicone di matita.

La procedura per una defissione moderna è quindi la seguente: prendete un foglio di carta abbastanza grande da contenere tutto il vostro messaggio e una vecchia matita molto consumata (se non ne avete una, prendetene una intera e spezzatela in due: in questo modo avrete creato due mozziconi "al termine della loro vita"). Scri-

113 Potete trovare un'ottima trattazione dell'argomento in Fritz Graf, *La magia nel mondo antico*, Laterza, Roma-Bari 2009, p. 115-168.

vete sul foglio il nome di chi vi ha fatto il torto e una preghiera a una Potenza sotterranea perché faccia giustizia (come sempre potete anche trasformare il messaggio in un sigillo, ma personalmente, in casi come questo, preferisco usare frasi per esteso come nella versione antica). Attenzione: *non scrivete che cosa volete che accada al responsabile*, ma chiedete semplicemente giustizia nei modi e nella misura che la Potenza riterrà opportuni. Nella mia opinione, è questo che rende moralmente lecita questa forma di magia di compensazione: non si fa del male direttamente a qualcuno, ma si chiede a una forza più grande di noi di riequilibrare i piatti della bilancia.

A questo punto piegate il foglio in due, trapassatelo con la matita e tenendolo in mano applicate una forma di Gnosi. Poi gettate il tutto in un luogo che simbolicamente conduca al Mondo Sotterraneo (io in genere uso i tombini) e bandite con una risata.

Il destinatario della nostra preghiera può variare: nell'antichità era sempre qualche divinità greco-romana dell'Oltretomba (Ade, Persefone, Ecate, le Furie ecc.) perché si credeva appunto che fosse una loro prerogativa vendicare i torti subiti dai mortali che le invocavano. Oggi possiamo mettere al loro posto una qualunque forza o entità che sia collegata agli Inferi o al Mondo Sotterraneo, e che ci ispiri fiducia: divinità ctonie di altri pantheon e altre culture (Osiride, Anubi, Hel, Ereshkigal e via dicendo), gli spiriti dei morti o dei nostri antenati, ma anche altre figure "sotterranee" dell'immaginario collettivo come gli gnomi, se preferiamo. Possiamo anche appellarci al "Re e alla Regina dei Morti" oppure ai "Sovrani dell'Oltretomba" o persino al nostro inconscio, come fonte di equo giudizio e di una "saggezza" superiore a quella della nostra mente conscia. Come sempre nella Magia del Caos non è necessario credere nell'esistenza reale di queste entità: bisogna solo "comportarsi come se esistessero" per tutta la durata del rituale.

Nella mia esperienza esiste anche una versione moderna più "amichevole" di questo incantesimo che si può usare per entrare in connessione con l'anima, l'identità e l'atmosfera di una città o di un altro luogo, quello che gli antichi definivano *genius loci*, o spirito vivente del luogo. Il procedimento è lo stesso: si scrive su un foglietto il messaggio o la richiesta per la città, lo si trapassa con un mozzicone di matita e lo si getta in un tombino promettendo qualcosa in cambio se si verrà esauditi. Gli impieghi possono essere i più disparati: conosco varie persone che con questo sistema hanno trovato casa in un quartiere che incontrava il loro gusto, e ho un amico che cambia spesso domicilio e celebra questo rituale prima di presentarsi al suo nuovo "padrone di casa" in ogni nuova città. Le offerte più apprezzate in questo caso sono i dolciumi (gettate un pasticcino nello stesso tombino in cui avete gettato il foglietto) od oggetti realizzati dallo stesso postulante (una mia amica ha ringraziato gettando un braccialetto da lei creato).

5.8. I pirati del paradigma

In conclusione vorrei spiegare meglio il concetto di "pirateria paradigmatica" a cui avevo già accennato nel capitolo 3. Il fatto che la Magia del Caos abbia una spiegazione completa in se stessa per il funzionamento di qualunque tipo di fenomeno definibile come "magico" (la famosa "teoria generale della magia") implica che i suoi praticanti, se vogliono, possono utilizzare letteralmente qualsiasi incantesimo, rituale o pratica attinti da qualunque altra tradizione o disciplina, semplicemente adottandone il paradigma *pro tempore*.

Nei paragrafi precedenti ho esposto vari rituali che si presentano come altrettanti *patchwork* di elementi attinti da tradizioni, epoche e culture diverse: il praticante caosiano, se lo desidera, può adottare *alla lettera* rituali di altre tradizioni e farli funzionare come se lui stesso ne fosse parte integrante. Può essere un giorno un druido, un altro un seguace della Wicca, un altro ancora un mago cerimoniale o un praticante del Vudù o della magia sessuale tantrica, un satanista laveyano o un mago salomonico. Non ha bisogno di credere realmente nelle divinità, negli spiriti o nelle forze in cui credono queste tradizioni: deve solo comportarsi come se ci credesse, conscio che si tratta di elementi di un paradigma che lui ha deciso di abbracciare temporaneamente e che può abbandonare quando lo desidera. Tutti i paradigmi in fondo sono solo rappresentazioni di cui la nostra mente necessita per interagire con la realtà e nessuno è la "vera" spiegazione di come funziona l'universo, poiché quella verità nessuno la conosce. Nella Magia del Caos i paradigmi e le fedi che li costituiscono sono mezzi, non fini: vengono trattati come strumenti operativi, e come tali possono essere impiegati o scartati a necessità.

Alcuni lettori si saranno senz'altro già resi conto che tutto ciò può presentare un problema etico di non poco conto: la pirateria paradigmatica è di fatto una forma particolare di appropriazione culturale indebita (non dimentichiamo che i pirati sono ladri definizione), che in linea di massima non danneggia nessuno quando avviene in forma strettamente privata, ma che per alcuni comporta comunque un certo grado di ambiguità morale, soprattutto se il pirata paradigmatico opera all'interno di un gruppo sinceramente leale e devoto alla propria tradizione.

Ci sono maghi, come il già citato Joshua Wetzel (che non a caso ha intitolato uno dei sui testi *The Paradigmal Pirate*) che non solo giustificano questa pratica ma addirittura incoraggiano i praticanti caosiani a "infiltrarsi" in altri gruppi, fingendo – se necessario – di condividerne la fede e le convinzioni e usando strumentalmente i loro paradigmi fino a quando ne hanno voglia, o finché non sentono di aver imparato abbastanza da quell'ambiente. Più in specifico Wetzel separa quelli che chiama "maghi eclettici" da quelli che chiama "maghi sistematici": i primi provano, scartano e fondono paradigmi nel privato del loro laboratorio, i secondi si mescolano attivamente a gruppi e correnti già esistenti, ne fanno parte per un po' e poi si spostano altrove. A detta di Wetzel entrambi i comportamenti hanno lati positivi e lati negativi da un punto di vista strettamente pragmatico – l'unico che a lui interessa – ma il secondo in teoria permette di apprendere di più e più rapidamente.[114] Su questo punto il mondo della Magia del Caos è diviso: c'è chi condona o abbraccia il pensiero di Wetzel e chi lo rifiuta con decisione.

Dal mio punto di vista personale, il comportamento dei maghi eclettici non è moralmente riprovevole, in quanto si tratta di sperimentazioni private (anzi, a volte persino segrete) che come tali non vanno a modificare o a "inquinare" i paradigmi coinvolti, né tantomeno a urtare la sensibilità spirituale di qualcun altro. Se tra le mura di casa mia dovessi indossare gli abiti tradizionali della Cina imperiale, pur non avendo una sola goccia di sangue cinese nelle vene, non credo che questo sia riprovevole nei confronti del resto del mondo. I maghi sistematici, invece, rappresentano un problema complesso: se da un lato è vero che imbrogliano consapevolmente i loro temporanei compagni di gruppo, dall'altro sono molte le persone che, per tutta la vita, migrano in continuazione in gruppi diversi alla ricerca del "proprio ideale", il che spesso li porta a condividere appartenenze doppie se non multiple. La differenza, però, sta nel fatto che mentre i maghi eclettici conducono un'onesta ricerca sia pure sciatta e confusa, mentre i maghi sistematici mentono sapendo di mentire. E questo non è altrettanto facile da accettare.

---

114 Wetzel, *The Paradigmal Pirate*, p. 117-135.

6.
NOI E GLI ALTRI: DEMONI, SPIRITI E DÈI

Se mi avete seguito fin qui, questo è il punto in cui le cose si fanno serie. Praticamente tutte le forme di magia esistenti o esistite hanno nel loro "programma" la possibilità di contattare entità non umane e metterle a vario titolo al servizio del mago (alcune si basano interamente su questo), e la Magia del Caos non è da meno. Tuttavia abbiamo già accennato più volte al fatto che nel paradigma caosiano non è previsto il dover credere per forza nell'esistenza di esseri invisibili che possono condizionare le sorti umane: tra le due cose, però, non c'è contraddizione, e lo vedremo via via nello sviluppo del nostro discorso.

Come prima cosa, dobbiamo cominciare a familiarizzarci con la terminologia usata abitualmente nella Magia del Caos: vi spiegherò dunque che cosa sono le forme-pensiero, le entità servitrici, gli eggregori, le forme-dio, che cos'è la teurgia e qual è la differenza tra invocazione ed evocazione.

Iniziamo dai primi due concetti.

6.1. Le forme-pensiero

Una forma-pensiero (*thoughtform* in inglese) è un concetto già presente nelle correnti tradizionali dell'esoterismo e si riferisce a un'energia immateriale che, guidata o influenzata dal pensiero umano, assume forme che possono influire sulla realtà fisica. In altre parole è un modo per definire il fenomeno per il quale dalla volontà, dai sentimenti, dalle convinzioni e anche dalle ossessioni di un essere umano può scaturire un'entità a se stante capace di agire sul mondo materiale, e in qualche caso persino di rendersi visibile e tangibile. La Magia del Caos, che si basa sul presupposto che sia la mente umana a determinare la realtà, non ha nessun problema a incorporare questa idea, come pure il concetto collegato di entità servitrice che esiste già in varie tradizioni esoteriche e designa quelle forze invisibili che un operatore dell'occulto può creare a partire dal proprio pensiero ed evocare per metterle al proprio servizio.

Nella pratica caosiana un'entità servitrice è la più semplice tra le forme-pensiero: di fatto è l'equivalente di un programma creato per hackerare la realtà, proprio come i sigilli e gli incantesimi che abbiamo già visto, con la differenza che in questo caso si tratta di un programma riutilizzabile più volte, che non scompare dopo aver svolto il suo lavoro ma che può essere richiamato e "lanciato" nuovamente per svolgere funzioni diverse. In pratica, più che a un singolo intervento di hacking è simile a un'app multiuso che entra a far parte del nostro arsenale magico. Non male come idea, vero?

Le entità servitrici più semplici, create per svolgere un singolo compito e in genere per breve tempo, sono chiamate a volte *protoplasmi*. Quelle che hanno più di una funzione ma rimangono legate a uno scopo fondamentale (come apportare ricchezza, assistere negli studi, proteggere dai pericoli ecc.) sono chiamate in tanti modi diversi e i maghi del Caos spesso le identificano con figure equivalenti di altre tradizioni occulte: i famigli, o familiari, delle streghe, gli spiriti elementali della Wicca e di altre correnti neopagane, gli spiriti *Baka* del Vudù e così via.

Se adeguatamente "nutrita" e utilizzata, un'entità servitrice può anche crescere e svilupparsi al di là della sua programmazione originaria, divenendo sempre più complessa (e quindi potenzialmente più utile) e acquisendo quella che assomiglierà sempre più a una personalità distinta: se tutto ciò vi fa pensare alle IA, il paragone non è poi così fuori luogo. Ovviamente esistono anche dei *caveat* per utilizzare queste forze, ma li vedremo a mano a mano.

Ora vi spiegherò passo per passo come si costruisce un'entità servitrice: il procedimento è tratto in gran parte da *Creating Magickal Entities* di David Michael Cunningham[115], ma troverete sistemi più o meno simili su tanti altri testi, per esempio *Hands-On Chaos Magic*[116] di Vitimus e *Ill Thoughts, Ill Words, Ill Deeds*[117] di Wetzel.

6.2. Creare un'entità servitrice

Innanzi tutto, è necessario decidere lo scopo della nostra entità. Se abbiamo bisogno di un unico e ben individuato servizio, che dev'essere ripetuto nel tempo nello stesso modo o deve essere svolto una volta sola, meglio andare per le spicce: prendiamo un foglio di carta e scriviamo lo scopo della nostra entità come scriveremmo la frase preparatoria per un sigillo.

Se invece prevediamo di doverla usare per scopi diversi, è consigliabile una riflessione più accurata rispetto a quando si formula un normale incantesimo. Un servitore non è come un sigillo, che si formula, si lancia e si dimentica, dal momento che prevediamo di utilizzarlo più di una volta, conviene concepire il suo scopo con particolare attenzione. Con tutte le differenze del caso, è un po' come adottare un animale domestico: siccome vivrà letteralmente in casa nostra, è opportuno sceglierne uno con un carattere indubbiamente docile. Il consiglio che si dà in questi casi è di prendersi un giorno o due per rimuginarci sopra, lasciando che sia anche l'inconscio a operare a nostro beneficio, e solo a quel punto scri-

115 David Michael Cunningham, *Creating Magickal Entities. A complete Guide to Entity Creation*, Egregore Publishing, Perrysburg 2003.

116 Vitimus, *Hands-On Chaos Magic*, p. 287-339 (è una descrizione lunga tre capitoli, con tecniche anche molto avanzate.)

117 Joshua Wetzel, *Ill Thoughts, Ill Words, Ill Deeds. A Toxic Magick Primer: Volume 1*, Immarion Press/Megalithica Books, Stafford 2021, p. 91-105.

veremo la frase che determina lo scopo fondamentale del nostro servitore.

Se vogliamo che l'entità sia relativamente duttile, la formulazione deve essere puntuale ma non troppo generica. Ad esempio, poniamo che io progetti di iniziare un periodo della mia vita in cui userò molto spesso la magia in molteplici circostanze, e quindi sarò a rischio di incontrare energie ostili molto più di frequente di quanto non accada nella vita di tutti i giorni. In tal caso, scelgo di ricorrere a un'entità servitrice per mia difesa. Una formulazione potrebbe essere quella che segue.

UN'ENTITÀ CHE MI PROTEGGA
DAI PERICOLI IMMATERIALI

Questa frase rappresenta l'essenza dell'entità a cui voglio dare vita, lo scopo su cui poggia tutta la sua esistenza: in un certo senso è il suo DNA. Molti di voi, inoltre, avranno già intuito che è assolutamente possibile trasformarla in un sigillo, che andrà tenuto nascosto e mai cancellato finché si vorrà che il servitore continui a esistere. Inoltre questa formulazione funziona perché, pur spiegando chiaramente qual è l'ambito di operatività del mio servitore, sottintende diversi compiti: isolarmi dalle energie negative e dalle conseguenze della mia magia, tenermi al riparo dalla sfortuna, difendermi da altre entità sgradite, proteggermi da eventuali aggressioni nei miei confronti da parte di altri praticanti.

Il passo successivo è scegliere un nome e una forma per l'entità. Potrebbero sembrare dettagli di poco peso per un'entità che esisterà solo nell'invisibile, invece sono importantissimi, perché contribuiscono a conferire maggiore realtà alla nostra creatura, staccandola da una dimensione puramente ideale. Dare un nome alle cose per ribadire il nostro potere su di esse è un atto magico antichissimo, con echi in praticamente tutte le mitologie esistenti (pensiamo solo al libro della Genesi, in cui il Dio biblico incoraggia Adamo a prendere possesso della Creazione scegliendo un nome per tutti gli animali). Inoltre il nome ci servirà per invocarla quando ne avremo bisogno e l'aspetto per visualizzarla nella nostra mente.

Ovviamente abbiamo la più ampia libertà di scelta. Possiamo attribuire all'entità un nome suggerito dall'inconscio o un titolo che alluda alla sua funzione: io, per esempio, potrei chiamare la mia entità protettrice "Il Paladino". Inoltre potremmo ridurre le lettere della formulazione così come si fa con i sigilli e inventare una nuova parola. Nel caso dell'esempio avremmo:

UNETIACHMPROGDL

Che potrebbe diventare:

GULIR TOMP DANECH

Come nome per uno spirito non è granché, ma se tenessimo solo Gulir o Danech potrebbe andare. Io opterò per Danech.

Lo stesso discorso vale per l'aspetto: possiamo dare al nostro servitore la forma che vogliamo, l'importante è che sia coerente con la sua funzione. Il mio Danech per esempio potrebbe apparire come un cavaliere con tanto di scudo e armatura di luce. Se cerchiamo l'ispirazione nell'aspetto degli spiriti e dei demoni classici dell'occultismo, possiamo orientarci su figure costituite da parti di animali diversi, o di umani e di animali insieme. Un avvertimento importante: non date alle entità l'aspetto – e nemmeno il nome – di figure che già esistono nella mitologia, nella letteratura o nell'immaginario collettivo, o peggio ancora l'aspetto di una persona vivente o di un personaggio storico: queste figure già portano con sé un carico di simboli fissati dalla tradizione, che potrebbero interferire con la nostra creazione e attribuirle qualità che non abbiamo scelto. Insomma, prendete spunto dai classici demoni se volete, ma non ispiratevi a figure già esistenti (tra parentesi, più avanti parleremo anche di come evocare proprio quelle entità).

Esistono molti altri sistemi per generare un aspetto appropriato. Potete per esempio dividere la figura del servitore in otto[118] parti (o di più o di meno: io qui scelgo otto perché è il numero della Magia del Caos), ovvero testa, torso, braccia, mani, addome, gambe, piedi e coda. Poi prendete nell'ordine le prime otto lettere del nome e pensate a otto animali (reali o immaginari) il cui nome comincia con quella lettera. Il mio Danech potrebbe così avere testa di drago, torso e addome di aquila (avendo solo sei lettere estendo la A su due parti del corpo), braccia da nutria, manine da ermellino (bianche, così sembra che porti i guanti), gambe e piedi di cammello (stesso discorso che con la A). La H e la coda le possiamo lasciar perdere... anzi, già che il corpo è di aquila gli mettiamo anche la coda da uccello. Come vi sembra? A me fa sorridere, ma ad altri potrebbe piacere benissimo. Fantasia e divertimento – non mi stancherò mai di ripeterlo – sono componenti essenziali della Magia del Caos.

Ovviamente non siamo vincolati agli umani e agli animali: il nostro servitore potrebbe avere anche un aspetto vegetale o minerale o del tutto astratto, basta che sia appropriato dal punto di vista simbolico. Danech potrebbe essere anche una sfera di energia luminosa che mi circonda mentre ne uso la magia.

Prima di proseguire, comunque, preferisco scartare tutte queste possibilità e stabilisco che Danech ha l'aspetto di un serpente dalle scaglie argentee adagiato sulle mie spalle. È dotato di otto braccia (quattro per lato) e in ciascuna mano reca un ventaglio. Con i ventagli disperde i miasmi delle energie negative, mi protegge gli attacchi psichici e mi arieggia se sono accaldato. E se qualche entità sgradita osasse avvicinarsi troppo, il suo morso velenoso la terrebbe a bada.

---

118 Potete anche scegliere un numero superiore o inferiore all'otto: io l'ho scelto perché è il numero della Magia del Caos.

(Se volete essere davvero meticolosi potete trascrivere un elenco dei poteri del vostro servitore sullo stesso foglio dove avete scritto il suo scopo fondamentale e/o il suo sigillo.)

Siamo già a buon punto, ma prima di dare vita al servitore ci sono ancora tre cose importanti da stabilire: dove vivrà nel mondo materiale, come verrà nutrito e in che modo finirà la sua esistenza. Così come gli antichi davano per scontato che uno spirito, o una divinità, potesse dimorare all'interno di un oggetto sacro o di una statua che lo rappresentava, anche noi abbiamo bisogno di un oggetto fisico a cui ancorare la vita del nostro servitore, quando non sarà in missione per conto nostro. L'entità ovviamente dimorerà nell'oggetto simbolicamente: stiamo parlando di una creatura mentale incorporea, che quindi tecnicamente non occupa nessuno spazio.

Come sempre, un oggetto che rimandi alla funzione del servitore è la scelta migliore: per Danech andrebbero benissimo la statuetta di un serpente oppure un ventaglio. Gli oggetti più tipici usati in questa circostanza sono bambole e statue, altari, pietre, cristalli, gioielli, monete, armi, ma ho visto entità servitrici ancorate a una penna stilografica, a un giubbotto di pelle e persino a un computer. Se siete bravi disegnatori o scultori, potete fare un ritratto del vostro servitore e ancorarlo lì.

Ci sono solo tre categorie di oggetti che non andrebbero mai usati: quelli con una simbologia incompatibile, o peggio opposta, allo scopo del servitore (in altre parole non legate un spirito di pace che ha lo scopo di tranquillizzare l'ambiente a un coltello); fotografie o immagini di persone reali (vive o morte) o altre figure che abbiamo già una forte carica simbolica (per i motivi descritti sopra); infine, dettaglio che aggiungo per esperienza personale, escludete i contenitori (scatole, vasi, bottiglie, scrigni ecc.), in quanto rimandano all'idea del "genio chiuso nella lampada contro la sua volontà", e quindi più propenso a tentare di ingannarci che non a collaborare volentieri con noi.

L'entità avrà poi bisogno di nutrimento, ovvero di energia per continuare a esistere e rimanere operativa: stabilite quanto spesso dovrà essere nutrita e come. Le fonti di energia possibili sono fondamentalmente due: voi stessi o una fonte esterna. Se volete essere voi stessi a nutrirla dovrete decidere come: potete, per esempio, tenere l'oggetto tra le mani finché non si scalda, oppure fare una breve meditazione in cui visualizzate di nutrirlo fisicamente, come si farebbe con un animale domestico, o di passargli energia ~~voi~~ sotto forma di luce. Se invece stabilite che l'entità si alimenta da sola dall'esterno, dovrete assicurarvi che il nutrimento sia costante: per esempio Danech potrebbe nutrirsi delle stesse energie che respinge da me, ma in questo caso dovrei essere sicuro che ne riceva abbastanza con regolarità.

Infine dovete decidere come e quando il servitore cesserà di esistere. So che può sembrare un atto crudele imporre una "data di scadenza" al frutto della vostra creazione, ma ancora una volta si tratta di un aspetto importante: è un modo per mantenere nelle vostre mani la responsabilità di tutta l'operazione magica. Potete decidere che il servitore si dissolverà da solo dopo che ha eseguito un certo numero di compiti, dopo un periodo di tempo prestabilito ("Vivrai un anno e un giorno", "Vivrai finché sarò in vita" e simili), quando l'oggetto in cui abita verrà distrutto o fino a quando non sarete voi a distruggerlo, così come lo avete creato.

Decidiamo, dunque, che Danech vivrà in un anello a forma di serpente (che porterò sempre al dito per averlo a mia disposizione in qualunque momento), verrà nutrito una volta al giorno da me che, visualizzandolo intensamente, gli offrirò un piattino di latte poggiato sulla mia testa. Dunque, il mio servitore esisterà finché non sarò io a congedarlo, dopo averlo ringraziato per tutti i servigi che mi ha reso e permettendogli di tornare nell'universo in forma di pura energia.

Resta un'ultima cosa da fare: stabilire come comunicherete con la vostra entità servitrice. I metodi più comuni e ovvi sono a voce (dovrete parlarle per attivarla e dirle cosa deve fare) o con il pensiero, ma c'è chi ne preferisce altri: visualizzazioni, il contatto fisico con l'oggetto o una serie di gesti prestabiliti.

E ora è il momento in cui, sulle orme del dottor Frankenstein, dovremo infondere la vita alla nostra creatura. Se mi avete seguito fin qui, sono sicuro che sapete già come: con una tecnica detta Gnosi.

Raccogliete tutte le informazioni che avete accumulato sul vostro servitore (se avete problemi con la memoria, prendete nota di tutto), ogni immagine e simbolo che lo riguarda e naturalmente l'oggetto in cui dovrà abitare. Tenete tutto davanti a voi ed entrate in uno stato di Gnosi particolarmente intenso e prolungato, che vi permetta di eseguire le "istruzioni di programmazione" e di visualizzare la vostra entità in modo ottimale. In tal senso, il mio suggerimento è senz'altro di usare forme di Gnosi meditativa o similari, non Gnosi "esplosive" che durano solo pochi istanti (ma, come sempre, è una scelta assolutamente soggettiva). Potete anche trasformare tutto l'insieme di informazioni in una singola immagine o in un sigillo, che comunque dovrà essere diverso da quello che costituisce l'essenza dell'entità e andrà distrutto non appena terminata l'animazione.

Fatto questo, complimenti! Siete i proprietari di un'entità magica al vostro servizio. Se la tratterete bene, come un collega o un compagno di avventure anziché come uno schiavo o peggio un oggetto, vi renderete conto che opererà meglio. Se poi deciderete di cambiare la sua programmazione e/o sviluppare le sue capacità, ripetete il processo di Gnosi stando bene attenti a non trascurare nulla. Utilizzate con criterio, queste entità sono un metodo efficacissimo e poco dispendioso di intervenire nella realtà: io ho felicemente convissuto per anni con un piccolo servitore che viveva in un soprammobile accanto al mio PC e mi aiutava a trovare lavoro.

Prima di passare ad altro, non mi resta che mettervi in guardia contro i due rischi più comuni per chi si imbarca in queste operazioni. Il primo – impressionante e poco frequente – è quello di perdere il controllo della fame di energia della nostra entità trasformandola in un vampiro energetico. Può capitare che un'entità, sottoposta a uno sforzo particolare, chieda più energia della sua normale quota, e in questo caso ha perfettamente senso accontentarla, ma esistono casi in cui le entità diventano insaziabili, e non sempre i loro padroni se ne rendono conto. Ci sono maghi che perdono un sacco di tempo per alimentare le loro creature (specialmente se ne hanno contemporaneamente più di una al loro servizio) ricavandone molto meno di quanto dovrebbero.

Il secondo rischio – già più concreto del precedente – è quello di diventare troppo dipendenti dall'utilizzo dei servitori. Anche qui torna utile la metafora delle IA, alle quali certe volte è anche troppo facile delegare tante cose che dovremmo fare noi, con i risultati che ben conosciamo. La combinazione dei due rischi, ossia avere molte entità servitrici che fanno tante cose per noi e chiedono in continuazione energia, che noi gli forniamo senza fiatare perché abbiamo bisogno del loro aiuto, è la situazione peggiore che si possa immaginare, e bisogna fare qualunque cosa per evitare che accada. Non è una circostanza frequente, per fortuna, ma nemmeno inaudita.

6.3. Gli eggregori

A un livello superiore di complessità rispetto alle entità servitrici troviamo le forme-pensiero a cui l'occultismo tradizionale dà il nome di eggregori (lo troverete scritto anche come eggregora o egregore). Il termine, che non ha un'etimologia certa e potrebbe derivare sia dal latino sia dal greco, nella Magia del Caos (ma non solo) indica un'entità nata dal pensiero di più persone, ovvero qualunque collettività che può andare da un piccolo gruppo a un'intera civiltà (o, ipoteticamente, la razza umana nella sua totalità).

Entità di questo genere sono solitamente molto più complesse dei servitori di cui abbiamo discusso e spesso mostrano un carattere ben preciso e a volte un livello notevole di autonomia di pensiero: non a caso vengono paragonate ai *tulpa*, entità psichiche proprie del buddismo tibetano talora create da un monaco esperto in particolari tecniche di meditazione profonda, ma che hanno anche la potenzialità di sottrarsi al controllo del loro creatore[119]. Un eggregore può nascere da uno sforzo volontario, in genere da parte di un gruppo di maghi (lo spirito Goflowolfog di cui vi ho parlato nel capitolo precedente ne è un ottimo esempio), ma anche di grandi gruppi di persone comuni che investono pensieri, intenzioni ed emozioni in un'idea concepita come un'entità mentale collettiva. In questo senso qualsiasi divinità, angelo, demone o spirito mai venerato da una civiltà storicamente esistita può essere classificato come un eggregore.

Come caso limite, anche una singola persona può dare vita a un eggregore se decide di raccogliere e plasmare una quantità di energia psichica (in genere energia "di scarto") generata da altre persone. Un caso esemplificativo è esposto dal mago Lon Milo DuQuette nel capitolo "The Exorcism of Our Lady of Sorrows" del suo libro *Low Magick*. Chiamato per una serie di circostanze a esaminare una scuola femminile cattolica nella quale si manifestano presenze inquietanti, DuQuette (che non è formalmente un mago del Caos ma adotta comunque pratiche abbastanza eclettiche) stabilisce che l'ambiente è saturo di energie pericolose dovute al passaggio di generazioni di adolescenti repressi e decide di dar loro una forma precisa per poterle esorcizzare come si fa con i demoni tradizionali. Mette dunque in atto una serie di tecniche, che vanno dall'uso del pendolo alla magia salomonica con sigilli demoniaci e triangoli di contenimento,

119 Il concetto di *tulpa* è stato introdotto in Occidente nel 1905 dal libro *Thought-Forms* dei teosofi Annie Besant e Charles W. Leadbeater. In italiano potete trovarlo in questa recente riedizione: Annie Besant e Charles W. Leadbeater, *Le Forme-Pensiero*, Anguana Edizioni, Sossano 2020.

per dare un nome (Slug-Shlug) e una forma (una sorta di enorme gazza) al demone e infine ingaggiare con lui una battaglia psichica, da cui il mago esce vincitore non senza fatica [120].

Nella storia della magia gli eggregori abbondano: qualunque congrega stregonesca si sia mai riunita per evocare un antico dio o uno demone dell'inferno o uno spirito elementare della Natura nell'ottica della Magia del Caos potrebbe aver dato vita a un eggregore, o averne richiamato uno già esistente. Meno comuni e in genere più recenti, ma comunque individuabili, sono i casi in cui l'eggregore sia stato creato con la piena consapevolezza di essere sul punto di dare vita a qualcosa di nuovo. Uno degli eggregori più famosi nella storia della magia moderna è senz'altro GOTOS, acronimo di *Grado Ordo Templi Orientis Saturni*, sorta di nume tutelare della *Fraternitas Saturni* ("Confraternita di Saturno"), una società esoterica fondata in Germania nel 1926 e a stento sopravvissuta fino a oggi attraverso le persecuzioni naziste.[121] La *Fraternitas*, di ispirazione thelemica ma separata da Crowley, a un certo punto decise di dotarsi di un'entità che fungesse da "batteria energetica", una sorta di deposito astrale senziente in cui i membri di grado elevato potevano depositare energia e attingerne alla bisogna. L'entità fu battezzata GOTOS, e gli venne attribuito un aspetto antropomorfo che ricorda abbastanza il Nosferatu del celebre film muto di Murnau (1922)[122] e che lo rese iconico nel corso del XX secolo (non vi risulterà difficile trovare la sua immagine online). I membri odierni della *Fraternitas* sostengono che sia operativo e in ottima salute a tutt'oggi.[123]

Il procedimento per creare un eggregore è un rituale di gruppo e

---

120 Lon Milo DuQuette, *Low Magick*, Llewellyn Publications, Woodbury, Minnesota 2021, p. 145-184.

121 Potete leggere la sua affascinante storia in Stephen E. Flowers, *Fire and Ice*, Llewellyn Publications, St. Paul, Minnesota 1994.

122 Non a caso se si considera che Albin Grau, produttore di *Nosferatu*, era un buon amico dei fondatori della *Fraternitas*.

123 Dave Lee, *Collective Spirits: Eggregore Entities and Online Magic* in *This is Chaos*, p. 133.

quindi esula dagli scopi di questo libro – che è concepito come un manuale per praticanti solitari – ma non è poi molto diverso dai metodi per creare un'entità servitrice: se volete fare un esperimento in tal senso, tutto quel che avete imparato finora dovrebbe essere sufficiente per permettervi di concepire un vostro rituale utile allo scopo. Al di là della creazione vera e propria, i maghi del Caos hanno a che fare con queste entità fondamentalmente in due modi: l'invocazione e l'evocazione.

6.4. Voci nella testa: l'invocazione

Nella terminologia della Magia del Caos *invocare* un'entità (spirito, demone, divinità e quant'altro) significa stabilire un collegamento psichico in modo da accoglierla temporaneamente nella nostra mente e, a volte, nel nostro corpo. È dunque una situazione diversa sia da una *evocazione*, che consiste nel richiamare un'entità esterna, sia da una possessione, nella quale un'entità invade un corpo umano sopprimendone la coscienza e prendendone il controllo: l'invocazione in sostanza ci mette in condizione di dialogare con uno spirito e, in un certa misura, di permettergli di agire sul mondo attraverso di noi.

A questo punto, però, sorge ancora l'eterna domanda: che cos'è uno spirito? Sulla scorta di Vitimus, che ho usato come principale referente per tutta questa sezione[124], si può rispondere sostanzialmente in tre modi: uno spirito è un essere personale e immateriale che esiste indipendentemente da noi, oppure un'entità creata dalla mente degli esseri umani (le forme-pensiero e gli eggregori che abbiamo visto) o ancora una parte inconscia della nostra stessa mente con cui la magia può metterci in contatto. La prima delle tre non fa parte del paradigma caosiano (la Magia del Caos non chiede a nessuno di credere all'esistenza di esseri ultraterreni), ma le altre due

124 Vitimus, *Hands-On Chaos Magic*, p. 203-237.

sono entrambe accettabili e, come fa notare Vitimus,[125] che si consideri l'una o l'altra in pratica non fa differenza: lo spirito che invochiamo dentro di noi può essere un'entità mentale creata da altre persone e divenuta indipendente oppure può essere una parte di noi stessi con cui normalmente non abbiamo contatti, ma lo tratteremo allo stesso modo e ne trarremo gli stessi vantaggi o insegnamenti.

Il primo passo è ovviamente stabilire con quale spirito o divinità vogliamo entrare in contatto, e a quel punto fare almeno qualche ricerca sull'argomento. Dèi e spiriti di solito sono legati a specifiche mitologie, possiedono titoli onorifici e simboli propri, oltre a una miriade di altri elementi che concorrono a definirli: piante e animali sacri, oggetti personali, capi d'abbigliamento, armi, associazioni con fenomeni naturali o attività umane, pianeti o altri corpi celesti, minerali o pietre preziose, suoni o musiche, colori, profumi, alimenti, periodi temporali (come momenti del giorno o dell'anno) e via dicendo. Molto semplicemente, più cose saprete sullo spirito da invocare più quest'ultimo sarà reale nella vostra mente, e quindi più facile da raggiungere.

È anche buona norma circondarsi letteralmente di simboli, poiché ciascuno di essi è un veicolo per l'energia dell'entità che stiamo cercando. Nei secoli passati questo concetto era noto come *dottrina delle segnature* ed era una componente fondamentale per l'invocazione degli dèi praticamente in tutte le culture esistenti: se si voleva attirare l'attenzione di una divinità, le si offrivano in sacrificio anzitutto tutte quelle cose con cui era associata: cibi, bevande, animali, piante, oggetti di culto ecc. Tornerò su questo punto più avanti, nel paragrafo dedicato alla teurgia.

Come esempio pratico, possiamo decidere di invocare il dio greco Hermes, messaggero degli dèi, inventore della scrittura, della magia e del gioco d'azzardo, protettore dei viaggiatori, dei commercianti e dei ladri. L'ho scelto non solo perché è una delle

125 Vitimus, *Hands-On Chaos Magic*, p. 203.

mie divinità preferite (come lo è di molti maghi) anche perché presenta due indubbi vantaggi: in genere è ben disposto a parlare con gli esseri umani (Vitimus stesso suggerisce agli invocatori alle prime armi di iniziare con entità benevole e note per la loro affabilità)[126] e, data la vastità degli ambiti su cui regna, può esserci utile in una miriade di circostanze. Dovremo dunque familiarizzarci con l'aspetto che gli veniva attribuito nelle statue e nei mosaici (e, perché no, anche nelle raffigurazioni moderne: film, fumetti, cartoni animati e videogiochi). Dovremo anche conoscere i più importanti miti di cui è protagonista, i titoli con cui gli antichi lo pregavano e i suoi simboli caratteristici: i calzari alati, il caduceo (bastone alato con due serpenti attorcigliati.), il petaso (cappello a tesa larga tipico dei viaggiatori e cacciatori dell'antica Grecia), il gallo, la tartaruga, le monete, i dadi da gioco (o il loro equivalente antico, gli astragali fatti d'osso), il pianeta Mercurio (che è il nome del dio in latino).

Quando ci siamo procurati tutto quel che ci serve in termini sia materiali che simbolici, è il momento dell'invocazione. Ci serviranno due luoghi: uno fisico e uno mentale. Il primo è uno spazio privato dove possiamo muoverci e parlare a nostro piacimento e dove nessuno verrà a disturbarci. Il secondo è lo scenario in cui vogliamo incontrare l'entità, che ovviamente dovrà essere appropriato alla natura del nostro ospite: ha perfettamente senso immaginare di accogliere uno spirito dell'inverno in una capanna in mezzo alla neve mentre fuori infuria una tempesta, mentre non ne ha per niente tentare di richiamarlo su una spiaggia tropicale. Se è possibile, i due luoghi possono anche coincidere: nel nostro esempio Hermes è un dio delle strade a cui sono sacri gli incroci, quindi avrete lo scenario perfetto se potrete sedervi e invocarlo in un bosco, nel punto in cui confluiscono due sentieri.

---

126 Vitimus, *Hands-On Chaos Magic*, p. 208-209.

Ora arriva la parte difficile: dovrete sprofondare in uno stato intenso di Gnosi, generata con il metodo che preferite ma che vi metta in grado di visualizzare scientemente tutto quello che volete. Usate, inoltre, qualunque mezzo appropriato: meditazione, canto, musica, recitazione di mantra e via discorrendo. I maghi più fortunati (o di grande esperienza) possono riuscirci anche con la sola visualizzazione.

Iniziate creando lo scenario dell'incontro, che deve essere accogliente tanto per voi quanto per il vostro ospite. Visualizzatelo, dettaglio per dettaglio, senza fretta, e non usate solo la vista: coinvolgete anche tutti gli altri sensi. Domandatevi: *quali suoni si odono in questo luogo? Quali odori? Che impressione tattile dà la superficie su cui sono seduto?* E quando avete una risposta incorporatela nella vostra creazione.

Nel nostro esempio, dovremo creare l'immagine del bosco e dei sentieri che si incrociano: quali alberi ci circondano? Sono fitti o radi, alti o bassi? Hanno chiome folte? Che effetto fa la luce che filtra tra le foglie? E la brezza? Riusciamo a sentire il fruscio delle foglie che si agitano? L'aria, che odore ha? E che effetto fa sulla pelle? Che ore sono? (L'orario tipico in cui manifestavano gli dei dell'antica Grecia erano le tre del pomeriggio.) Siamo seduti sul ciglio di un sentiero o in mezzo all'incrocio? L'erba morbida al tatto?

Quando avrete finito di allestire lo scenario, invocate la vostra entità. Chiamatela per nome e con i suoi titoli onorifici se ne possiede, invitatela a venire a parlare con voi e, se esistono formule particolari per rivolgersi a lei, non esitate a incorporarle nel vostro richiamo. E poi visualizzate il suo arrivo: nel caso di Hermes, avrebbe senso per esempio vederlo calare dal cielo attraverso le chiome degli alberi, oppure materializzarsi tra luci e le ombre del bosco come una figura improvvisamente si stacca dallo sfondo.

Da qui in avanti, siete da soli con il vostro ospite. Una serie di consigli ovvi è: siate cortesi e rispettosi, non dite o fate cose che potrebbero irritarlo, ricordatevi che è venuto da voi di sua spontanea volontà. Quando la conversazione sarà terminata, congedatevi sempre con cortesia e aspettate che il vostro ospite se ne sia andato prima di dissolvere lo scenario. Una volta usciti dalla Gnosi, bandire con una fragorosa risata, magari prolungata, è un'ottima idea.

Come ho già detto, bisogna raggiungere uno stato di concentrazione notevole per usare efficacemente questa tecnica. Se durante la visualizzazione vi chiedete: "Ma è reale quello che vedo?" significa semplicemente che la vostra trance non è ancora abbastanza profonda. La domanda "Ma tutto questo è reale?" non ha senso e non vi aiuta in nessun modo: avete *già* deciso che nel vostro paradigma quello che state facendo ha un significato e uno scopo, e al momento non dovete preoccuparvi di nient'altro. Per imparare a visualizzare, un testo senz'altro utilissimo è il già citato *Visual Magick* di Jan Fries, a cui aggiungerei *Magical Imagination* di Nick Farrell[127].

Una domanda che non ci siamo ancora posti – almeno non in forma esplicita – è: perché invocare uno spirito? La risposta è quella che qualunque strega o mago vi avrebbe dato nei millenni passati della storia umana: perché un dio, uno spirito o un'altra entità affine può fare per noi cose che da soli non possiamo fare.

Innanzi tutto la nostra entità ospite può rispondere alle nostre domande, insegnarci cose che non sappiamo, darci consigli e, in circostanze particolari, rivelarci segreti altrimenti inaccessibili. In questo senso invocare uno spirito può essere uno straordinario metodo di divinazione, che funziona persino se dal nostro punto di vista stiamo "soltanto" dialogando con una parte nascosta di noi stessi: il nostro inconscio conosce realmente molti segreti su noi stessi, sugli altri e sul mondo che ci circonda, e se il concetto di inconscio collettivo ci convince, possiamo anche concepire l'idea di attingere conoscenza da un immenso bacino che sta al di fuori di noi.

---

127 Nick Farrell, *Magical Imagination. The Keys to Magic*, Skylight Press, Cheltenham 2013.

Se nelle vostre invocazioni anziché cercare spiriti e dèi della tradizione preferite dar forma a parti del vostro essere che normalmente non sono raggiungibili, allora vi suggerisco senza indugio la lettura dell'interessantissimo *Brain Magick* di Philip H. Farber.[128]

Un'altra ottima ragione per dialogare con un'entità è quella che ha spinto da sempre gli esseri umani a cercare il contatto con spiriti, demoni e dèi, cioè trovare un accordo che apporti benefici a entrambi. Ossia, per dirla in parole che suonano molto meglio (o molto peggio), stringere un patto.

Sui rischi insiti in una transazione del genere è stato scritto letteralmente un milione di storie. Certo, esistono senz'altro patti fondamentalmente innocui, contro i quali non ha senso mettere in guardia chicchessia: per esempio, possiamo promettere a Hermes che ogni volta che dovremo partire per un lungo viaggio gli consacreremo una moneta, e in cambio lui ci risparmierà seri problemi (come incidenti o ritardi dalle gravi conseguenze). In tal modo, il dio riceve qualcosa di utile – consacrare un oggetto implica comunque trasferire energia – e fa qualcosa che è senza dubbio vantaggioso per noi. Si possono concepire infiniti accordi di questo genere che hanno il pregio di semplificarvi la vita.

Ma si possono stipulare anche patti dalle conseguenze ben più profonde e oscure, di cui non farò esempi perché da un lato li potete già immaginare da soli e dall'altro vi sconsiglio *vivissimamente* di percorrere quel sentiero. In qualunque caso, ancora una volta, è buona norma conoscere molto bene l'entità con cui si sta trattando – e questo vale il triplo se si tratta di forze con connotazioni demoniache – prestare estrema attenzione a quel che ci dice, alle promesse che fa, alle parole che sceglie, e non dimenticare mai un principio basilare che anche il nostro Vitimus sottolinea più volte:[129] *gli spiriti possono mentire*.

---

128 Philip H. Farber, *Brain Magick. Exercises in Meta-Magick and Invocation*, Llewellyn Publications, Woodbury, Minnesota 2011.

129 Vitimus, *Hands-On Chaos Magic*, p. 219.

In certi ambienti dell'esoterismo e del paganesimo contemporanei circola almeno dalla metà del XX secolo la diceria opposta, ossia che le creature spirituali siano sincere per natura e che non abbiano la capacità di dire il falso, propria solo degli esseri umani. Ebbene, *non è vero*. Tutte le entità superiori, dèi inclusi, possono mentire esattamente come noi, e quelle prive di scrupoli lo faranno senz'altro, posto che ne trarranno vantaggio. Persino le forze scaturite dal vostro inconscio potrebbero avere motivi per mentirvi.

Come difendersi? Come si fa con gli interlocutori umani: approfondendo la conoscenza delle persone con cui si parla (in questo caso la loro fama la dice lunga), facendo attenzione, usando l'intuito e il buon senso, non acconsentendo a nessun accordo che ci metta a disagio e accettando il fatto che un margine di rischio è comunque ineluttabile. Alcuni eggregori che potete accogliere nella vostra testa circolano da secoli se non da millenni: siete sicuri di essere più furbi di loro?

Un libro molto utile, zeppo di esempi pratici e di esperienze di vita, su come imparare ad avere a che fare con spiriti, dèi ed entità di ogni genere, è *Talking to the Spirits* di Raven Kaldera e Kenaz Filan[130].

Come se tutto questo non bastasse, ricordate che invitando un estraneo dentro di noi correte il rischio di dare vita a una possessione. Con le tecniche di invocazione che vi ho illustrato è molto raro – ma non escluso – che si verifichino vere e proprie possessioni come quelle (generalmente benevole) che avvengono nei rituali del Vudù e di altre religioni sincretistiche afro-americane, o quelle (assai più sinistre) tipiche della dimensione demoniaca del cristianesimo. Al di là di questo, è comunque possibile che contatti frequenti e/o prolungati, specialmente con entità inclini ad appropriarsi di corpi fisici, diano luogo a fenomeni quantomeno sgradevoli.

Immaginate anche soltanto la situazione in cui invocare una certa forza vi è diventato così utile che ormai lo fate di continuo, ma-

130 Raven Kaldera e Kenaz Filan, *Talking to the Spirits. Personal Gnosis in Pagan Religion*, Destiny Books, Rochester, Vermont 2013.

gari persino quando non ce ne sarebbe bisogno. Oppure, caso più insolito ma del tutto plausibile, il dialogo con una certa entità e la sua compagnia vi sono diventati così graditi che li cercate con una frequenza inusuale, persino a scapito di altre attività. Non sono già questi dei casi in cui l'entità si sta infiltrando in voi e nella vostra vita, occupando piano piano spazi che non le competono? Anche questa è una forma di possessione, e può avvenire persino con spiriti benevoli per un fenomeno di "sovrapposizione" spontanea non voluto chiaramente da nessuna delle parti.

Se poi cominciate a notare di aver adottato atteggiamenti, manie, modi di dire o di pensare (anche ininfluenti) tipici di un'entità con cui comunicate o avete comunicato in passato, riconoscetelo il fenomeno per quello che è: un sintomo allarmante. Significa che una forza esterna ha iniziato a mettere le radici nel vostro inconscio, o che una pulsione generata da quest'ultimo non vuole più rimanere relegata. In questi casi, comunque, non occorrono quasi mai veri e propri esorcismi: è sufficiente tagliare i ponti con l'entità divenuta molesta e i sintomi di possessione spariranno spontaneamente.

6.5. Un dio nel mio salotto

Esiste anche un'altra forma di invocazione, che se vogliamo rappresenta il passo successivo a quella descritta: invitare uno spirito o un dio a entrare in noi a tutti gli effetti, non solo per dialogare ma per usare – almeno in parte – tutti i nostri sensi, la nostra voce e il nostro corpo. Si tratta di una via di mezzo tra il contatto "leggero" di una normale invocazione e la possessione vera e propria, quella in cui la mente umana è momentaneamente annichilita e l'entità ospite prende il sopravvento: potremmo definirla una "possessione minore", in cui l'umano ospitante e l'ospite divino non lottano per il controllo ma collaborano per ottenere risultati diversi.

Nella tradizione, questo fenomeno prende il nome di Forma-Dio (poco elegante traduzione dell'inglese *Godform*) e se ne trovano tracce fin dagli albori della storia: lo sciamano fa qualcosa di molto simile a ciò che ho descritto, nel momento in cui indossa la maschera del suo animale totemico e ne imita i gesti per acquisire alcuni dei suoi poteri, ma senza che lo spirito lo invada "spegnendo" la sua mente. Un discorso analogo vale per gli oracoli disseminati in tutto il mondo antico, santuari in cui sacerdoti o sacerdotesse adeguatamente preparati lasciavano entrare la divinità dentro di loro quel tanto che bastava per rispondere alle domande dei fedeli con una sapienza sovrumana.

La pratica divenne assai popolare nell'Europa esoterica ai tempi della Golden Dawn e delle altre società affini, che in ossequio all'egittomania imperante invocavano soprattutto divinità egizie (lo stesso Crowley lo fece molte volte). Un'altra abitudine tipica del tempo, ripresa da pratiche dell'antichità, era quella della *ierogamia*, o "matrimonio sacro", in cui un mago e una maga (o più raramente partecipanti volontari non addestrati alla magia) si facevano possedere rispettivamente da un dio e da una dea e consumavano un rapporto sessuale in un contesto rituale, dal quale si riteneva si sprigionassero energie magiche particolarmente efficaci.

Nella Magia del Caos è possibile invocare la Forma-Dio di qualunque entità soprannaturale o spirituale concepibile, e non necessariamente solo di divinità che sono state oggetto di culto nel corso della storia (approfondiremo il discorso nella sezione finale di questo capitolo).

La fase introduttiva è la stessa di quella richiesta per una normale invocazione, ma stavolta l'enfasi non è sul contattate l'entità bensì sull'*incarnarla*: se vi è possibile, abbigliatevi come la divinità che state invocando, truccatevi e acconciatevi i capelli a imitazione delle sue effigi, reggete nella mano i suoi oggetti simbolici, imitate i suoi gesti peculiari e i suoi modi – se vi sono noti – e anche le sue frasi tipiche; anche l'uso di maschere rituali è fortemente incoraggiato. Come nel caso dell'invocazione semplice, non esiste il pericolo di assumere "troppe" informazioni sull'entità in questione: più notizie avrete, meglio sarà.

Quando vi sentirete pronti, entrate nello stato di Gnosi, ma questa volta dovrete visualizzare l'invito alla divinità a entrare in voi e l'atto dell'ingresso stesso. Esistono ovviamente molti modi per farlo, e i praticanti esperti spesso sviluppano un sistema strettamente individuale: io, in questa sede, vi riporto il metodo descritto da Peter Paddon, celebre stregone inglese scomparso nel 2014, nel suo libro *Visceral Magick*[131]. Il "territorio" di quest'ultimo era la stregoneria tradizionale anglosassone, non la Magia del Caos, eppure i suoi testi sono molto chiari e utili e il suo rituale per la Forma-Dio è senz'altro uno dei miei preferiti.

Innanzi tutto procedete con la visualizzazione, ma concentratevi soprattutto sul vostro livello di energia personale che aumenta via via: dovete essere particolarmente carichi e "vibrare ad alta frequenza" perché un'entità divina possa trovare accoglienza dentro di voi (pensate alle lunghe fasi preparatorie a cui si sottoponevano i sacerdoti e le sacerdotesse di un tempo, o anche i praticanti odierni di religioni come il Vudù).

Quando vi sembra che il momento sia arrivato, visualizzate il vostro corpo dall'esterno e cominciate a espanderne le dimensioni ritmicamente, magari in sintonia con il tempo della musica o con il vostro respiro: una inspirazione un momento di crescita, una espirazione un momento di pausa. Dovete acquisire dimensioni più estese in rapporto all'ambiente che vi circonda, più grandi del paesaggio, delle foreste, delle montagne e degli oceani. Lasciate che la vostra testa superi la volta celeste e fermatevi solo quando non vedrete la Terra sotto di voi, perfettamente visibile e sospesa nello spazio. A quel punto guardatevi attorno rimirando il pianeta, stagliato sullo sfondo delle stelle e delle galassie lontane, alla presenza degli dèi e delle dee del pantheon a cui vi state rivolgendo.

131 Peter Paddon, *Visceral Magick. Bridging the Gap between Mundane and Magick*, Pendraig Publishing, Los Angeles 2010, p. 89-97.

Salutateli tutti, con un saluto formale e rispettoso; poi rivolgetevi alla divinità che volete, chiamatela per nome e con tutti i suoi epiteti come in una qualunque invocazione; infine chiedetele se vuole dimorare con voi nel vostro stesso corpo. Se accetta, la divinità si muoverà verso di voi e si posizionerà alle vostre spalle, perché tradizionalmente il punto di accesso degli spiriti agli esseri umani è localizzato nella nuca, alla base del cranio: quando avvertite il suo tocco in quel punto lasciatela entrare, poi riducete le dimensioni vostro corpo portando la forza divina sulla Terra assieme a voi. Quando siete ritornati nella nostra realtà salutate il vostro ospite ad alta voce, anche se apparentemente siete da soli.

Saprete subito se il vostro incantesimo ha funzionato: le sensazioni che la Forma-Dio provoca sono soggettive, ma impossibili da ignorare. C'è chi racconta di aver sentito la voce della divinità chiara nella sua testa come se stesse parlando al telefono; altri riferiscono di aver lasciato che la divinità parlasse tramite le loro stesse labbra e di conseguenza di aver percepito la propria voce lontana e ovattata, come se provenisse da un'altra stanza. Talvolta serve un po' di tempo per coordinare i movimenti del corpo: gli dèi possono voler fare gesti o movimenti che voi non vi aspettate e a volte cercano all'improvviso di forzarvi a compierli. È buona norma annunciare in anticipo all'ospite che cosa vorreste fare e chiedere all'entità di usarvi la stessa cortesia.

Paddon nella sua esperienza ha notato che se la discesa del dio avviene in una persona in posizione eretta, di solito questa conserva piena libertà di movimento, mentre se avviene in una persona seduta costei userà liberamente le braccia e la voce, ma in genere non si alzerà mai in piedi: questo è un altro segno del fatto che la possessione sta avvenendo sul serio, cosa di cui d'altronde dovrebbe accorgersi chiunque si trovi nella stanza, persino chi non è abituato a percepire le energie sottili[132].

---

132 Paddon, *Visceral Magick*, p. 96-97.

E dunque, come nel caso delle invocazioni minori, che cosa comporta tutto questo? Be', innanzi tutto, immaginate che cosa può implicare andarsene in giro con una divinità nel vostro corpo. Una volta che vi siete messi d'accordo e la cosa vi convince entrambi, provate a immaginare che cosa voglia dire entrare in discoteca assieme a Dioniso o ad Afrodite, o nei boschi con Pan, o ad affrontare una battaglia di qualsiasi tipo (legale, aziendale, sul ring) affiancati da Atena o da Ares. Pur obbedendo alle regole del paradigma della nostra realtà materiale, gli dèi possono fare cose incredibili attraverso di noi.

In secondo luogo, un dio può assistervi in magia: come si amplificherebbero gli effetti dei vostri incantesimi, in potenza e precisione, se una divinità guida letteralmente la vostra voce e le vostre mani? Inoltre, in moltissime mitologie gli dèi controllano schiere di spiriti minori. Che ve ne pare di assumere una Forma-Dio e poi farvi obbedire da una legione di spiriti o di entità servitrici, esercitando quella che è letteralmente un'autorità divina?

E infine, se siete in compagnia, per vostro tramite la divinità può parlare con gli altri, ascoltare i loro problemi e le loro suppliche, dare consigli, pronunciare oracoli e guidare rituali di gruppo. È quel che avviene tutt'oggi in contesti sciamanici, nell'ambito della stregoneria e delle religioni neopagane: nella Wicca, questa prassi è nota come *Drawing Down the Moon* (ossia "tirar giù la Luna") e comporta la discesa di un aspetto della Triplice Dea nel corpo di una o più sacerdotesse per le finalità sopra elencate. Se vi interessa in particolare l'aspetto "pubblico" e oracolare delle Forme-Dio, vi suggerisco senz'altro il libro *The Way of the Oracle* di Diana L. Paxson, ricco di tecniche pratiche e consigli sull'argomento[133].

La possessione può avere termine in qualunque momento lo decida una delle due parti. Se vi sentite stanchi (in genere l'umano ospitante si stanca molto prima dell'ospite divino), potete pregare

133 Diana L. Paxson, *The Way of the Oracle*, Weiser Books, San Francisco 2012.

la divinità di tornare da dove è venuta, e di norma verrete accontentati. Può anche accadere che la divinità se ne vada di sua volontà, per tutta una serie di ragioni possibili. A volte vi avvertirà prima di farlo, altre volte scomparirà senza preavviso: per la verità è abbastanza impossibile prevedere in anticipo come si comporterà il vostro ospite. Tenete conto che una sparizione improvvisa non vuol dire necessariamente che il dio sia offeso: anzi, se lo avete infastidito al punto da indurlo ad andarsene è praticamente certo che ve lo farà sapere con estrema chiarezza.

La durata della Forma-Dio può anche essere concordata in anticipo: "Ci separeremo al sorgere del sole", oppure "Ti congederò terminato il rituale". Se l'entità rifiuta di andarsene al momento prestabilito potete anche ascoltare le sue ragioni – se ne offre – ma in generale non è un buon segno: tutti i discorsi fatti in precedenza sui rischi di possessione duratura valgono anche in questo caso, moltiplicati per dieci.

6.6. Evocazione e teurgia

Quando si parla di spiriti e altre entità, il contraltare dell'invocazione è l'*evocazione*, ovvero richiamare un'entità non dentro di noi ma nello spazio esterno, in un oggetto, una statua, un altare, uno specchio ecc. (come si fa con le entità servitrici) oppure in un punto dello spazio delimitato in senso rituale, come il classico triangolo circondato da parole di potere in cui i maghi salomonici evocano le loro entità demoniache. Gli scopi sono in genere gli stessi di un'invocazione: l'evocazione è più che altro una scelta personale.

Anche il metodo generale non differisce molto da quello dell'invocazione, almeno per quanto riguarda la Magia del Caos, ma allo stesso tempo i riti di evocazione esistono in tutte le culture del mondo e assumono una miriade di forme diverse. In quanto praticanti caosiani voi potete usarle tutte, nel momento in cui rispettate tutti i dettami del paradigma da cui provengono: le uniche limitazioni sono costituite dai vostri mezzi materiali (alcuni paradigmi richiedono rituali complicatissimi e/o molto costosi) e dalle vostre scelte individuali.

Di seguito, vi propongo gli elementi generali di una evocazione teurgica di tipo neoplatonico, perché è relativamente semplice e dal punto di vista formale è la più vicina alla nostra impostazione (infatti riconoscerete molti elementi di cui abbiamo già discusso). I migliori testi su cui approfondire l'argomento sono *The Practical Art of Divine Magic* di Patrick Dunn[134] (mio principale riferimento) e *Living Theurgy* di Jeffrey S. Kupperman[135].

La teurgia (in greco antico "operazione divina") era un sistema di evocazione rituale diffusosi soprattutto nell'impero romano della tarda antichità, principalmente a opera dei seguaci della filosofia neoplatonica elaborata da Plotino (204-270 d.C.), Porfirio (234-305 d.C.), Proclo (412-485 d.C.) e il già citato Giamblico, per nominare i più importanti. Gli dèi che venivano convocati erano quelli appartenenti al panteon greco-romano venerati all'epoca nell'Impero romano, quelli egizio e, in misura minore, quelli del periodo tardo-mesopotamico. Tuttavia, oggi, il sistema è talmente elastico che noi possiamo applicarlo più o meno a tutte le divinità (pagane o appartenenti alle forme moderne di politeismo, come il Vudù). Si noterà quanto le pratiche si assomiglino, pur avendo origini assai diverse.

Si inizia come abbiamo già visto: scegliendo una divinità e facendo tutte le ricerche possibili sul suo conto. Il paradigma in cui ci muoviamo è religioso – gli antichi teurghi credevano sinceramente negli dèi che volevano evocare – per cui i focus del nostro rituale saranno l'altare e un'immagine della divinità. Quest'ultima può essere di vario tipo: una statuetta o la fotografia di una statua, un disegno, un

---

134 Patrick Dunn, *The Practical Art of Divine Magic. Contemporary & Ancient Techniques of Theurgy*, Llewellyn Publications, Woodbury, Minnesota 2021 .

135 Jeffrey S. Kupperman, *Living Theurgy. A Course in Jamblicus' Philosophy, Theology and Theurgy*, Avalonia, Londra 2013.

dipinto, una stampa o un mosaico, l'importante è che sia presente sull'altare, perché è l'oggetto fisico è la dimora della divinità.

Già la scelta di questa immagine condizionerà l'aspetto e i comportamenti del dio, o della dea, con cui entrerete in contatto: se per esempio scegliete un'immagine classica, come una statua greca o romana, evocherete un aspetto della divinità più vicino alla sua descrizione nei miti e nelle fonti antiche. Se invece scegliete qualcosa di più moderno, come l'interpretazione online, opera di un artista contemporaneo, o un'immagine cinematografica, è probabile che la divinità stessa si presenti a voi ostentando atteggiamenti più vicini alla sensibilità moderna (e probabilmente molto più imprevedibili).

Come ho in parte anticipato, la statua dovrà stare al centro dell'altare, che potrete realizzare con i materiali che preferite ma che dovrà avere abbastanza spazio da accogliere anche i simboli della divinità. Nel nostro caso, la ricerca di simboli e oggetti sacri secondo la dottrina delle segnature è qui persino più importante nei rituali di invocazione. La teurgia chiama questi oggetti *synthemata*, ovvero "segni di contatto", e Giamblico, di fatto il più autorevole tra i teurghi antichi, li divideva in tre categorie: materiali, intermedi e noetici. I *synthemata* materiali sono quelli "toccabili con mano": animali, piante, minerali, metalli, incensi e così via. I *synthemata* intermedi sono i simboli immateriali: i nomi e titoli della divinità, le musiche, le preghiere e gli inni composti in suo onore. I *synthemata* noetici (ossia "della mente") sono quelli collegati all'universo stesso: le associazioni con i pianeti e le costellazioni, i momenti sacri del giorno, della stagione o dell'anno, i numeri simbolici e le loro combinazioni, le geometrie sacre (se esistenti) che rimandano alla nostra divinità.

Come avrete senz'altro intuito, secondo Giamblico i tre generi di *synthemata* sono in ordine crescente di importanza: attribuire a un dio la sua giusta pietra va benissimo, ma evocarlo nel giusto momento e sotto la giusta stella è ancora più importante.

Potete disporre i *synthemata* materiali sull'altare davanti all'immagine oppure, se vi piace l'idea, potete replicare una pratica tipica degli antichi: inserire i materiali sacri *dentro* l'immagine stessa. Per farlo vi servirà una statua cava con un'apertura, generalmente sotto la base, in cui introdurre i materiali. Ovviamente non è obbligatorio arrivare a tanto: è sufficiente posizionare gli oggetti sull'altare.

Una volta approntato l'altare, è il momento dell'evocazione vera e propria. Nella teurgia antica le visualizzazioni a cui ci siamo abituati fino a questo punto avevano poco spazio: l'attenzione della divinità veniva attirata principalmente con formule, inni e musica. Per i teurghi si trattava di un'autentica esperienza religiosa e la loro fede, associata all'effetto emotivo delle preghiere, bastava sicuramente a indurre uno stato di Gnosi. Se voi non possedete lo stesso livello di fervore sacro dovrete applicare una Gnosi di altro genere (vero è che secondo alcuni la teatralità stessa del rito è sufficiente), ma proseguite comunque con le preghiere prescritte, perché tutto deve rimanere all'interno del paradigma di riferimento.

Stabilito il momento corretto (nel caso di Hermes, che abbiamo già usato come esempio, il giorno sacro è mercoledì, "giorno di Mercurio"), il rito inizia con l'accensione di un fuoco sull'altare, che dovrà restare acceso per tutta la durata del rito: anticamente si usavano bracieri, per noi oggi basta una candela. Con il fuoco si accende dell'incenso, poi ci si sfrega un po' d'acqua pulita sulla fronte e sui polsi, a simboleggiare la purificazione prima di accostarci al Divino. Ora è il momento della preghiera, che ha una struttura rigida, in cinque parti.

1. Si chiama la divinità con il nome seguito dai suoi titoli. Un esempio potrebbe essere: "Io mi rivolgo a te, Hermes, Figlio del Padre Zeus, Messaggero degli Dèi, Cillenio (cioè nato sul monte Cillene), dai Piedi Alati" e così via. Per tradizione, l'elenco si chiude con la frase "... O comunque tu voglia essere chiamato/a". Se conoscete qualche preghiera o inno dedicato alla divinità, potete inserirlo a questo punto.

2. Si ricordano alla divinità i nostri meriti nei suoi confronti: "Se ho sempre rispettato i tuoi altari, se ti ho dedicato sacrifici, se ho parlato bene di te al mondo ecc." Ovviamente se è la prima volta che evochiamo una certa divinità questa parte va saltata.
3. Si avanza la propria richiesta. Se si tratta della prima evocazione, la richiesta è ovviamente che la divinità mandi una piccola parte della sua essenza ad abitare la propria immagine. Se la divinità già abita la statua, spieghiamo la ragione per cui la stiamo interpellando.
4. Si promette qualcosa in cambio: "Se mi vorrai accontentare, io ti offrirò in sacrificio...". Gli dèi antichi di solito accolgono bene le offerte di cibi e bevande, e ancora di più apprezzano il fatto che si parli di loro e li si ringrazi pubblicamente se hanno fatto qualcosa di utile, perché in questo modo il loro nome viene ricordato anche da chi normalmente non ha tale scopo. Se stiamo evocando per la prima volta la divinità nella sua immagine, un'offerta del cibo e/o della bevanda che la divinità preferisce in genere è sufficiente.
5. Si fa un'offerta, che viene considerata come un anticipo di quel che si offrirà a favore ottenuto: "Per ora depongo sul tuo altare..." Ogni divinità ha offerte che preferisce rispetto alle altre: le potrete scoprire facendo una ricerca.

Terminato il rituale salutate con cortesia e spegnete la candela, ma lasciate che l'incenso si consumi.

Rispetto alle invocazioni e alle Forme-Dio, un incantesimo di questo tipo comporta molti meno rischi collaterali: il più concreto, probabilmente, è il fatto che a forza di utilizzare un paradigma di tipo religioso a un certo punto cominciate a crederci per davvero... Decidete voi se ne vale la pena, o se cominciare a credere negli dèi sia per forza un male.

6.7. Divinità pop e demoni dai fumetti

Come dicevo, questo è soltanto un tipo di evocazione, che va bene soprattutto con un certo genere di entità (figure divine tipiche del mondo antico): se nelle vostre preferenze ci sono, che so, i demoni della goezia, allora va benissimo utilizzare i metodi propri di quella tradizione: un triangolo inscritto sul terreno per imprigionare l'entità evocata, invocazione di Nomi sacri, simboli inscritti su anelli e amuleti per sottomettere il demone e così via. I punti fondamentali sono sempre due: rispettare tutti i dettami del paradigma in cui si è scelto di operare e fare in modo che sia presente almeno un istante di Gnosi.

Il rovescio di questa medaglia è che non importa se l'entità che state evocando o invocando sia un aspetto sepolto della vostra psiche o qualcosa di esterno a voi e formato dalle menti di altre persone: essa si comporterà in base al paradigma tramite il quale la state raggiungendo.

Una benevola dea del mondo naturale presa da qualche tradizione celtica (probabilmente reinterpretata attraverso la sensibilità moderna) mostrerà dolcezza e comprensione nei vostri confronti. Il demone Valefor, Duca dell'Inferno che comanda dieci legioni di diavoli e protegge i ladri, per quanto vi possa risultare utile (se contattiamo un'entità lo facciamo sempre perché pensiamo che possa esserci utile) si comporterà per forza come uno spirito infernale della tradizione: cercherà di ingannarvi, distorcerà la verità e si sforzerà in ogni modo di piegare i vostri accordi a suo vantaggio. Come ha meravigliosamente detto il mio amico Francesco Dimitri, mago e scrittore, avere a che fare con gli spiriti goetici è come avere un amico criminale che contattiamo quando ci occorre un favore losco: il rischio di pagarla cara o di finire in qualche brutto giro rimane.

Una volta che avete chiaro questo punto, uno degli aspetti più affascinanti della Magia del Caos è che *qualunque essere possibile o immaginabile* può diventare oggetto delle vostre evocazioni: dèi, spiriti ed eroi mitologici, certo, ma anche personaggi della cultura pop, della letteratura, dei film, delle serie tv, dei fumetti, dei videogiochi, dei giochi di ruolo. Per chiarire questo punto il nostro Andrieh Vitimus propone l'evocazione dello spirito di Mr. Spock di *Star Trek*, da lui stesso messa in atto assieme a un gruppo di amici in un triangolo ai cui lati erano stati inscritti *USS Enterprise*, Federazione Unita dei Pianeti e la celebre frase: "Fino ad arrivare là...".[136] Un'invocazione di questo personaggio avrebbe molteplici funzioni nel momento in cui il mago avesse bisogno di essere perfettamente controllato, logico e geniale: comprate un paio di orecchie a punta da elfo, imparate a fare il saluto vulcaniano e avrete già fatto una buona parte del lavoro. Sì, state trasformando un cosplay in un incantesimo (che funziona). Non è straordinario?

La Magia del Caos ha sempre attinto a piene mani alle opere di H. P. Lovecraft, un'eredità culturale pressoché inesauribile, mostrando fin dalle origini una notevole fascinazione per questo autore e i suoi *Miti di Cthulhu*. Uno dei primi a parlarne fu Phil Hine, nel già citato *Pseudonomicon*, e dopo di lui la cerchia dei fan è diventata una legione, ma è corretto ricordare che anche prima dell'avvento della Magia del Caos Lovecraft e la sua mitologia erano stati presi sul serio e inseriti nella pratica esoterica da personaggi del calibro di Kenneth Grant, che ne scrisse apertamente a partire dal suo *The Magical Revival* del 1972[137]. D'altronde non è difficile capirne il motivo: l'idea di divinità cosmiche e aliene, estranee alla razza umana ai limiti dell'incompatibilità più totale, capaci di sconvolgere la nostra realtà fino a portare il caos più oscuro, risuona con echi sinistri e irresistibili nell'animo degli esoteristi, caosiani e non solo.

---

136 Vitimus, *Hands-On Chaos Magic*, p. 267-270.

137 Nella teoria di Grant i racconti di Lovecraft sarebbero esposizioni in forma narrativa di autentiche comunicazioni astrali, inviate da "Forze esterne" dall'ignaro scrittore. L'ipotesi infastidì a tal punto gli altri membri dell'O.T.O. da provocare infine l'espulsione di Grant dall'ordine.

Forse è più difficile capire perché un mago dovrebbe voler invocare nella sua mente o evocare sul suo altare forze orribili e pericolosissime come Cthulhu o Yog-Shothoth o Nyarlathotep. Il già citato Konstantinos si pone la stessa domanda: perché cercare la compagnia di mostri alieni che non possono fornirci ricchezza o fortuna o salute o le altre cose che in genere si chiedono alla magia? La sua risposta è che l'incontro con l'Altrove è non solo una intensa, emozionatissima esperienza psicodrammatica, ma anche un "trauma positivo" con la potenzialità di cambiare la percezione della realtà e acuire le facoltà personali del mago che lo sperimenta[138].

Chiaramente il contraltare di tutto questo è che stiamo comunque parlando di entità che, secondo il loro stesso paradigma, si lasciano sulla loro scia sempre e soltanto distruzione, follia e morte. Ma di questo tanti praticanti di ieri e di oggi non sembrano particolarmente preoccupati, e continuano a imperterriti a cercare le varie edizioni del *Necronomicon*[139] (tutte fittizie, in quanto il terribile grimorio immaginato da Lovecraft non è mai esistito) per scoprire se i riti oscuri in esse contenuti funzionano, oppure praticano forme di "meditazione lovecraftiana" sui testi di autori come Donald Tyson[140].

In ultima analisi, come sempre nella filosofia caosiana prevale il concetto di responsabilità personale: che decidiate di invocare Goku prima di affrontare una scazzottata, il conte Dracula (o, gli dèi non vogliano, Edward Cullen...) perché vi presti il suo fascino magnetico, o un demone goetico perché vi indichi un tesoro se-

138 Konstantinos, *Nocturnicon*, p. 183-184.

139 In italiano è ancora reperibile la traduzione Fanucci dell'edizione curata da Robert Hay nel 1978: *Necronomicon. Il libro segreto di H.P. Lovecraft*, Fanucci Editore, Roma 1979.

140 Tyson è un noto critico letterario di Lovecraft, scrittore e studioso di occultismo che non ha mai mostrato alcun problema a conciliare queste sue varie anime. Il testo sulle meditazioni a cui faccio riferimento è *The 13 Gates of the Necronomicon. A Workbook of Magic*, Llewellyn Publications, Woodbury, Minnesota 2010.

polto[141], siate sempre coscienti delle implicazioni del paradigma con cui state operando, e preparatevi a subirne le conseguenze.

I praticanti più avventurosi non si sono mai tirati indietro dal portare il caos anche nella sfera divina, anche solo per pura curiosità: c'è chi suggerisce di invocare lo spirito della molecola dell'LSD per sentire che cos'ha da dirci o di interpellare l'angelo che presiede a un buco nero, o di mettere in scena ierogamie tra divinità che non hanno nulla a che vedere le une con le altre (tipo Apollo e Shub-Nhiggurath nello stesso letto) solo per scoprire che succede. Se vi mettete in testa di fare esperimenti del genere, è meglio che allacciate le cinture di sicurezza...

Potete trovare un gran numero di idee sull'applicazione della magia alla cultura pop nella raccolta *The Pop Culture Grimoire* curata da Taylor Ellwood[142]. Se cercate qualcosa di più specifico, un libro molto simpatico è *Steampunk Magic* di Gipsey Elaine Teague: come vestire interamente la vostra magia con lo stile di una delle più popolari tra le subculture nerd[143].

---

141 Le edizioni italiane dei classici sull'argomento sono tante e facili da reperire. Potete iniziare con *La Chiave di Salomone*, Fanucci Editore, Roma 2019 e *La Piccola Chiave e il Testamento di Salomone*, Fanucci Editore, Roma 2021.

142 Taylor Ellwood, *The Pop Culture Grimoire*, Immarion Press/Megalithica Books, Stafford 2008.

143 Gipsey Elaine Teague, *Steampunk Magic*, Llewellyn Publications, Woodbury, Minnesota 2013.

7.
TECNICHE DI GNOSI

La Gnosi è una componente fondamentale della Magia del Caos, anzi, se la teoria alla base del pensiero caosiano è corretta (e io penso lo sia), lo è di qualunque forma di magia che funzioni (sull'argomento è in corso un dibattito anche all'interno della comunità caosiana, ma su questo tornerò nel capitolo finale del libro). Per usare le parole di Phil Hine nel suo libello *PerMutations*: "[La Gnosi non è] ...nient'altro che la punta visibile di una vasta gamma di esperienze numinose che, al di fuori di pochi intrepidi ricercatori della Psiconautica, è stata a lungo vista come dominio dei soli mistici[144]".

Ciononostante, molti praticanti da sempre lamentano una certa scarsità di fonti sull'argomento, soprattutto in riferimento ai testi più datati:[145] si è sempre detto che la Gnosi è importantissima, ma i mezzi per raggiungerla sono spesso discussi in maniera approssimativa, con poche eccezioni localizzabili principalmente negli ultimi quindici anni.

Che io sappia non esiste ancora un compendio che riunisca e classifichi tutti i metodi di Gnosi sperimentati dai maghi del Caos (e confesso che mi piacerebbe scriverne uno): dunque, nel capitolo che segue proverò a stilare un elenco sintetico dei testi che mi sono noti, usando una mia classificazione personale. Gli Illuminati di Thanateros usano una classificazione tripartita, riportata in alcuni testi scritti dai loro

144 Phil Hine, *PerMutations*, Independently Published, Londra 1997, p. 33.
145 Si veda per esempio Hawkins, *The Chaonomicon*, p. 101.

membri[146]: Gnosi inibitorie, Gnosi eccitatorie e Gnosi chimiche. Le prime sarebbero le più difficili, poiché richiedono maggiore disciplina, mentre le successive sarebbero via via più facili. Io però non la trovo una suddivisione utile e ne preferisco un'altra, basata sulla funzionalità: Gnosi esaustive, Gnosi esplosive, Gnosi ipnotiche e Gnosi visionarie. Non si tratta chiaramente di categorie rigide (per esempio, la danza può essere tanto una Gnosi esaustiva quanto una ipnotica): le ho adottate solo per mettere ordine in una materia molto vasta.

In questo modo avrete almeno un prospetto dei metodi a vostra disposizione e potrete scegliere quelli a voi più adatti per carattere e inclinazione, per mezzi disponibili e per compatibilità con l'incantesimo a cui volete associarli.

7.1. Gnosi esaustive

Sono tecniche per raggiungere la Gnosi attraverso lo sfinimento fisico e/o mentale: quando il corpo o la psiche letteralmente "non ce la fanno più" e anche il Censore Interno si spegne temporaneamente. Si adattano agli incantesimi dai tempi lunghi, in cui il "programma" da far passare può essere ripetuto più volte man mano che l'esaurimento erode le difese mentali, ma funzionano altrettanto bene per lanciare sigilli e altre creazioni simili proprio nel momento in cui si sta per crollare esausti. In questo caso è fondamentale un buon tempismo nel coordinare esaurimento e lancio dell'incantesimo.

ATTENZIONE: qualunque attività porti all'esaurimento del corpo o della mente può comportare rischi per la salute. *Non intraprendete nella maniera più assoluta* esperimenti pericolosi su voi stessi se non siete sicuri di essere in perfetta forma fisica e psichica. Prima di decidere di fare sforzi fuori dal comune, parlatene sempre con il vostro medico.

146 Come in Wetzel, *The Paradigmal Pirate*, p. 27-44.

Danza

Danzare è uno dei sistemi più antichi e universali per indurre la trance. Che si tratti di muoversi freneticamente al ritmo dei tamburi africani o di perdersi nei movimenti lenti e imprevedibili di quella forma di yoga tantrico chiamata Danza di Shiva, quando il corpo segue la musica la mente esce dai suoi stati ordinari con facilità.

Come ho già anticipato, la danza può essere una forma di Gnosi sia esaustiva sia ipnotica: nel primo caso sono da preferire i ritmi più rapidi e coinvolgenti, come quelli tipici delle musiche sciamaniche (vedi più avanti alla voce *Ritmo e musica*), o le forme di movimento più semplici e veloci, come la tecnica rotatoria dei dervisci a cui abbiamo già accennato nel capitolo 4. Nel secondo caso, invece, sono consigliabili ritmi più rilassati, che permettano di proseguire per molto tempo e lasciare che la mente piano piano si allontani dalla consapevolezza. La danza, con il suo potere travolgente e unificante, è anche molto adatta ai rituali di gruppo.

Con la pratica, scoprirete le danze più adatte a voi: oggi è piuttosto facile reperire qualunque genere di musica, dai ritmi più esotici delle popolazioni native alle forme più moderne di musica elettronica, come la Psy Trance. La danza non ha nemmeno bisogno di aderire a uno stile determinato: può anche nascere spontaneamente, come pura manifestazione di libertà di movimento, in forme incontrollate che sono l'equivalente motorio della glossolalia. Jan Fries ha scritto un libro intero sull'argomento, che vi raccomando caldamente[147]. Tenete dell'acqua a portata di mano e... buon divertimento.

Deprivazione del sonno

Perdere due o tre notti di sonno di seguito, oltre a fare molto male alla salute, induce uno stato di forte alterazione psichica che può portare a sbalzi di umore violenti, grande confusione, perdita di

---

147 Jan Fries, *Seidways. Shaking, Swaying and Serpent Mysteries*, Mandrake of Oxford, Oxford 1996.

memoria e persino all'insorgere di allucinazioni: una situazione nella quale senza dubbio il Censore Interno ha gettato la spugna assieme a varie altre funzioni del nostro cervello.

Io non lo consiglio come metodo di Gnosi (considerate anche soltanto che per un singolo tentativo vi occorrerà almeno una settimana di ferie per recuperare...), anche se ci sono praticanti che giurano sulla sua potenza ed efficacia. Se lo volete provare comunque, ricordatevi che non riuscirete a concentrarvi su procedure complesse (attenetevi agli incantesimi più semplici), che il vostro fisico ne risentirà per un po' e che difficilmente sarà un'esperienza gradevole: non a caso era ed è usato come metodo di tortura.

Digiuno

Il digiuno è uno dei metodi preferiti da mistici e asceti di ogni epoca e cultura per avvicinarsi al Divino. E chi siamo noi per contraddirli?

Se decidete di digiunare, assicuratevi di essere in buone condizioni di salute, ingerite almeno tre litri d'acqua al giorno, state lontani dalle temperature estreme e riducete drasticamente qualunque attività fisica. In base a quello che ho letto, il digiuno completo fa entrare in una fase di effettiva Gnosi attorno al settimo giorno, ma posso testimoniare personalmente che già dopo soli due giorni ci si sente svagati, con la testa "leggera" e di fatto pronti a entrare in uno stato alterato anche solo con un piccola spinta.

Sport/sforzo fisico

Nel capitolo 4 ho già citato la cosiddetta *runner's high*, l'euforia che sperimentano molte persone quando, a seguito di un'attività sportiva intensa e prolungata come la corsa, gli zuccheri nel sangue crollano e l'organismo dà inizio a una serie di cambiamenti. È stata descritta come una forte sensazione di leggerezza fisica e mentale, in cui si è liberi della stanchezza e acutamente consapevoli della velocità del flusso sanguigno e della rapidità dei muscoli: il tempo e lo spazio scompaiono, i pensieri non esistono più e il mondo si ridimensiona all'istante presente.

Non esiste una descrizione migliore della Gnosi in senso caosiano. L'unico accorgimento è avere l'incantesimo (sigillo da fissare, mantra da recitare ecc.) "a portata di mano" quando inizia l'euforia.

Peraltro si possono ottenere buoni risultati anche senza avere particolari doti atletiche. Io, che ho l'hobby di affrontare le vie ferrate in montagna, in passato ho disegnato sigilli sui miei guanti. Risalire una via ferrata, che comporta un lieve sforzo fisico, ma soprattutto attenzione focalizzata per trovare gli appigli per mani e piedi e ancorarmi con i moschettoni, via via mi faceva scivolare in uno stato perfettamente vigile ma senz'altro diverso dalla coscienza di tutti i giorni; inoltre, vedere il sigillo ogni volta che muovevo una mano gli faceva superare senza sforzo il mio Censore Interno.

7.2. Gnosi esplosive

Sono tecniche per innescare momenti Gnosi intensi ma di breve durata, "esplosive" appunto. Per proiettare un incantesimo nell'inconscio basta anche solo un istante di "distrazione" da parte del Censore Interno; questi metodi, infatti, sfruttano proprio quella finestrella di accesso. Si tratta quasi sempre di sistemi naturali e semplici da mettere in atto, per i quali valgono tutte le raccomandazioni sulla salute e la sicurezza che ho fatto nel paragrafo precedente.

Questo genere di Gnosi si associa di preferenza agli incantesimi diretti, senza troppe perdite di tempo, che devono attivarsi subito e/o colpire all'improvviso ma può tornare utile anche quando ci mancano il tempo o i mezzi per Gnosi più complesse.

Divertimento e gioia

L'istante in cui scoppiamo a ridere per puro, autentico divertimento è un bellissimo e naturalissimo momento di Gnosi: non è sempre vero il detto "... una risata vi seppellirà", ma senza dubbio "seppellirà" il Censore Interno. Allo stesso modo, anche i momenti di vera gioia (ricevere una buona notizia, avere successo in qualcosa, sentirci dire "Ti amo" dalla persona amata ecc.) hanno una potenza gnostica.

La difficoltà in questi casi consiste nel coordinare il lancio di un incantesimo con il nostro momento felice, che per definizione può manifestarsi all'improvviso e non può in alcun modo essere simulato. Un'idea – che ho già suggerito nel capitolo 5 parlando della dea Squat – è portare con sé una piccola raccolta di barzellette o dei memi divertenti che non abbiamo ancora letto o ascoltato: forse è il solo modo per stimolare una risata sincera "a comando".

Dolore

Per quanto personalmente non sia per nulla attratto dall'idea, devo ammettere che esiste un'abbondante documentazione storica sull'impiego del dolore, fin dai tempi più antichi, per alterare la coscienza e del fatto che quasi tutte le religioni esistenti o esistite abbiano conosciuto forme di tortura (o autotortura) rituale.

Non vi darò suggerimenti pratici in questo senso perché non ce n'è bisogno: in un mondo in cui anche il BDSM è diventato una moda, trovare metodi per autoinfliggersi dolore è tutto meno che complicato. Piuttosto, se proprio siete attratti dall'idea di ottenere una Gnosi in questo modo, vi inviterò a fare *molta, molta attenzione*, a informarvi in maniera accurata prima di sperimentare qualcosa che vi ispiri una sia pur minima sensazione di pericolo, oppure a rinunciare senza rimorsi a qualcosa che non vi convince.

L'unico sistema praticamente innocuo che mi viene in mente per usare un "dolore controllato" come metodo di Gnosi è farsi tatuare o applicare un piercing: durante queste procedure è effettivamente possibile entrare in uno stato mentale sufficientemente non ordinario da poter lanciare un incantesimo preparato in precedenza. Conosco persone che lo hanno fatto.

Iperventilazione

Il controllo consapevole della respirazione è un metodo antichissimo e affidabile per indurre nella mente stati non ordinari di coscienza. Un intero settore dello yoga classico, il *pranayama*, è dedicato proprio a questo argomento, al quale tornerò nella sezione specifica sul *Controllo del respiro*, che è più adatto alle Gnosi ipnotiche. Per una Gnosi esplosiva alla portata di tutti, invece, si può ricorrere alla semplicissima iperventilazione: respiri lunghi e profondi, dapprima lenti e poi sempre più rapidi, finché l'eccesso di ossigeno nel cervello non causa un intenso capogiro. È un sistema indicato in particolare per gli incantesimi che si concludono con una parola o un suono, che si possono "emettere" con l'ultimo respiro quando l'iperventilazione è al culmine.

Paura

In questo caso, c'è poco da spiegare: quando siamo spaventati il nostro cervello "spegne tutto" tranne le funzioni vitali è cosa nota a chiunque, perché si tratta di una sensazione che tutti gli esseri umani hanno provato un gran numero di volte.

Per poter applicare questo meccanismo alla Gnosi dovete affrontare una vostra paura (reale, non immaginaria) portando con voi il necessario per l'incantesimo da lanciare: se non avete paura dell'altezza, praticate il bungee-jumping tenendo sott'occhio un sigillo. Se avete paura del buio, affrontate un percorso a piedi nell'oscurità più assoluta recitando un mantra. Se avete paura degli animali di grossa taglia, provate a carezzare un cane di notevole stazza (in situazione di sicurezza, mi raccomando) con il vostro incantesimo fisso in mente. Per esperienza diretta e indiretta, vi confermo che questa forma di Gnosi è particolarmente efficace negli incantesimi per superare un ostacolo.

Rabbia

A differenza della paura o del divertimento, la rabbia si può spesso generare "a comando": se ci concentriamo su qualcosa che davvero ci manda fuori dai gangheri, evochiamo ricordi associati e/o visualizziamo scenari mentali in cui diamo sfogo alla nostra furia, che in genere non manca di manifestarsi.

I problemi della rabbia legata alla Gnosi sono tre. Il primo è che per funzionare sul serio deve trattarsi di una rabbia cieca, totale, di quelle che "ti fanno vedere rosso": solo in una condizione mentale del genere il Censore Interno se ne andrà in ferie per qualche minuto. E arrivare a provare una rabbia del genere, soprattutto se a comando, può essere molto difficile e alquanto pericoloso. Il secondo problema è che la rabbia, una volta evocata, va sfogata: tenetevi a portata di mano qualcosa da distruggere, magari il sigillo stesso su cui state concentrando la vostra Gnosi. Il terzo problema è che un'energia del genere influirà inevitabilmente sul vostro incantesimo, tingendolo di rosso. E nessuno può prevederne gli esiti, così come è impossibile calcolare gli effetti scatenati da una singola pietra che rotola sul pendio di una montagna...

Sesso e orgasmo

Un orgasmo intenso mette KO il Censore Interno: è un fatto conclamato. Come tutti sanno, i modi per provocarlo sono due: il sesso e l'autoerotismo. Quest'ultimo è particolarmente associato alla Magia del Caos almeno a partire dagli anni Novanta, quando Grant Morrison dalle pagine di *The Invisibles* lo suggerì al suo pubblico come sistema rapido e sicuro per indurre la Gnosi. In realtà si tratta di un metodo molto antico che gli stessi precursori della Magia del Caos, da Crowley a Spare, ebbero modo di mettere in pratica moltissime volte, ma negli ultimi decenni, soprattutto nel mondo anglosassone, è diventato normale considerarlo un'abitudine tipica dei maghi del Caos, che sono stati anche abbondantemente sfottuti per questo.

Ciononostante la masturbazione resta un metodo di indurre una Gnosi statisticamente diffusissimo, sebbene, come fa notare Andrieh Vitimus, non sia privo di controindicazioni, per via del fatto che lo stigma sociale associato a questa pratica può portare a turbamenti e sensi di colpa inconsci (e quindi all'auto-sabotaggio dell'incantesimo stesso). Comunque, avvalersi sempre e solo dello stesso metodo a lungo andare ne indebolisce enormemente l'efficacia.[148]

Come focus per la Gnosi, meno comune (anche perché richiede la presenza di almeno due persone) è il sesso vero e proprio, che comunque è abbastanza diffuso. In tal caso, oltre al momento culminante dell'orgasmo, l'intera durata del rapporto può trasformarsi in una fase di Gnosi, se le sensazioni sono abbastanza intense e se nello stesso tempo si riesce a rimanere concentrati sull'incantesimo (chiaramente qui si passa dalla Gnosi esplosiva a quella ipnotica).

Esistono moltissime varianti possibili: c'è chi non disdegna un sigillo sulla parete in modo che tutti e due (o più) i partecipanti all'atto possano vederlo bene, o chi lo disegna sotto il letto e lo memorizza. Quest'ultimo è il metodo suggerito da Konstantinos, che consiglia anche di non rivelare al vostro partner che è coinvolto in un atto di magia, in modo che la vostra eccitazione per il segreto sia ancora più grande e aumenti anche la forza della Gnosi[149] (personalmente lo trovo un comportamento poco etico, ma ciascuno è libero di decidere per sé).

Il testo definitivo sull'uso del sesso nella magia è probabilmente *Modern Sex Magick* di Donald Michael Kraig, tradotto in italiano da Antipodi in tre volumi distinti[150].

7.3. Gnosi ipnotiche

Sono tecniche che fanno sprofondare la mente in uno stato di coscienza solo parziale, che può prolungarsi anche per molto tempo, nel quale "non siamo del tutto noi stessi" e quindi anche il Censore Interno ha difficoltà a svolgere il proprio compito. In generale non

148 Vitimus, *Hands-On Chaos Magic*, p. 121-122.

149 Konstantinos, *Nocturnicon*, p. 45-48.

150 Donald Michael Kraig, *Modern Sex Magick. Secrets of Erotic Spirituality*, Llewellyn Publications, Woodbury, Minnesota 2002. In italiano *Modern Sex Magick. Segreti di spiritualità erotica*, tre vol., Antipodi Edizioni, Torino 2018.

hanno controindicazioni mediche di alcun tipo, anzi vengono spesso consigliate a chi ha bisogno di rilassarsi e smaltire lo stress.

La Gnosi ipnotica è perfetta per gli incantesimi e i rituali prolungati, che richiedono uno stato mentale ordinario ma abbastanza cosciente da svolgere molte operazioni.

Canto

È una forma di Gnosi molto soggettiva, ma esistono effettivamente persone capaci di "astrarsi dalla realtà" quando cantano ed entrare in uno stato alterato ma abbastanza vigile, che permetta loro di compiere tante determinate azioni, a volte persino con maggiore attenzione del solito. Se avete tale capacità e sapete anche come trasformare i vostri incantesimi in musica, credo che diventerete maghi o streghe leggendari.

Controllo del respiro

Ne abbiamo già parlato più volte. Qui rimane solo da dire che, oltre al già citato *pranayama*, esiste un universo di esercizi di respirazione non necessariamente derivati dallo yoga e con le finalità più disparate: facendo un po' di ricerca è molto probabile che troverete la tecnica che fa per voi. Se invece siete interessati esclusivamente al *pranayama*, posso solo ricordarvi quello che vi direbbe qualunque yogi sano di mente: si tratta di una pratica di grande efficacia e utilità, ma anche rischiosa se usata in maniera scriteriata. La scelta migliore è studiare con un maestro certificato.

Glossolalia

La glossolalia, cioè "parlare altre lingue" è un fenomeno estatico noto in molte culture che indica l'esprimersi in una lingua ignota a chi parla o con parole di un linguaggio mistico o ancora con semplici vocalizzi e sillabe senza senso. Le lunghe sequenze dei suoni emessi non sembrano appartenere a nessuna lingua esistente, ma spesso mostrano una peculiare intensità ipnotica. Nel cristianesimo odierno il fenomeno è tipico dei gruppi pentecostali e carismatici (che lo collegano all'episodio narrato nel Nuovo Testamento, in cui gli Apostoli, per effusione dello Spirito Santo, cominciarono a parlare lingue sconosciute), ma lo si ritrova pressoché identico in altre religioni e in altre culture, come il Vudù e certe forme di sciamanesimo.

Nella Magia del Caos, la glossolalia può essere usata come una semplice forma di autoipnosi che genera una leggera trance: all'inizio ci si sente un po' sciocchi nel pronunciare quei suoni "casuali", ma dopo un po' risulta più facile e persino divertente. Il mago Patrick Dunn, che di professione è un linguista, ha dedicato all'argomento un intero capitolo del suo bellissimo *Magic, Power, Language, Symbol*, che vi consiglio al di là del tema specifico[151].

Mantra

La recitazione ritmica di preghiere e formule è un'altra pratica di portata universale. La nostra mentalità tende ad associarla a religioni esotiche, come l'induismo o il buddismo, eppure è presente anche nel cattolicesimo, basta pensare al Rosario.

Nella magia indiana si crede che i mantra formulati in maniera corretta possano piegare persino gli dèi e indurli a modificare la realtà a richiesta. Nella Magia del Caos, come abbiamo visto più volte, un incantesimo può essere sintetizzato in una parola, un suono o una formula, la cui recitazione ripetuta si trasforma nella Gnosi dell'incantesimo stesso. Non è il sistema ideale per tutti, anzi risulta un po' ostico soprattutto per chi non è abituato a meditare, ma per altri si può rivelare una forma di Gnosi straordinariamente semplice e naturale.

Massaggio

Si può lanciare un incantesimo durante un massaggio? Sì, si può fare, avete la mia parola. D'altronde un massaggio ben fatto, lo sappiamo tutti, è un'esperienza straordinariamente rilassante, durante la quale

151 Patrick Dunn, *Magic, Power, Language, Symbol*, Llewellyn Publications, Woodbury, Minnesota 2008, p. 107-128.

la mente "galleggia" e a volte perde del tutto la cognizione del tempo. In queste condizioni anche il Censore Interno si rilassa eccessivamente (d'altronde anche lui è un lavoratore altamente stressato) e viene meno al suo compito: se avete preparato l'incantesimo in anticipo, e se riuscite a ricordarlo in questa fase di estremo relax, una seduta di massoterapia è un ottimo momento per lanciarlo.

Recitazione e teatro sacro

Sappiamo che il teatro ha sempre avuto una dimensione sacra: qui in Occidente è noto soprattutto il caso della Grecia antica, ma forme simili si ritrovano un po' in tutto il mondo, dall'Amazzonia al Giappone. Recitare in un'opera o assistere semplicemente alla sua rappresentazione può trasformarsi in un'esperienza di straordinaria intensità, che ci trascina letteralmente "fuori da noi stessi": qualunque attore può testimoniarvelo, ma sarà capitato anche a ognuno di voi nell'assistere alla visione di un film.

È precisamente questa la ragione per la quale tanti rituali di magia, antichi e moderni, hanno un carattere molto scenografico, zeppi come sono di costumi, oggetti cerimoniali, maschere, incensi e candele, lunghe declamazioni e così via.[152] Non tutti sono in grado di "lasciarsi trasportare" da un brano teatrale al punto da trasformarlo in una Gnosi: occorre una certa predisposizione naturale e spesso la pratica aiuta. Ma, per chi ha questa possibilità, l'esecuzione di un rito magico e la Gnosi che lo rende efficace diventano la stessa cosa: un vantaggio di non poco conto.

Ritmo e musica

A tutti noi capita di lasciarci ipnotizzare dalla musica. A volte dura solo qualche secondo, altre ancora andremmo avanti ad ascoltarla

152 Il collega fondatore di Carroll, Ray Sherwin, scrisse sull'argomento un piccolo libro, oggi purtroppo introvabile: *The Theatre of Magick*, Sorcerer's Apprentice, Leeds 1982.

per un tempo infinito. Lo stesso si può dire di determinati ritmi, magari non associati alla musica strumentale ma prodotti semplicemente da un tamburo o da altri strumenti a percussione.

In parte la spiegazione è scientifica: alcuni ritmi hanno un effetto diretto sulla mente perché condividono la frequenza delle onde prodotte da alcune attività cerebrali. Il caso più noto è quello delle onde theta che il cervello emette durante la fase ipnagogica, ovvero quando ci troviamo sospesi tra il sonno e la veglia. La frequenza di tali onde è la stessa di uno strumento ritmico percosso a centoventi battiti al secondo. L'efficacia di questo ritmo è tale che ascoltarlo anche solo per qualche minuto fa scivolare quasi chiunque in uno stato di dormiveglia in cui la nostra immaginazione si muove con una libertà incredibile. L'antropologo Michael Harner (1929-2018) ha scoperto che questo ritmo è alla base di moltissime musiche usate dagli sciamani di varie parti del mondo per entrare in trance, e su ciò ha costruito un'intera scuola di sciamanesimo moderno: il *Core Shamanism*[153].

Online si trovano facilmente file audio con registrazioni di questi ritmi (e di molti altri) con cui potrete fare esperimenti, e vedere se e quali hanno un effetto ipnotico su di voi. Ma non dovete limitarvi a questo: qualunque musica esistente ha la potenzialità di alterare la vostra psiche. Ascoltate sempre con attenzione, e potreste fare scoperte interessanti.

7.4. Gnosi visionarie

Sono probabilmente tra le Gnosi meno semplici da ottenere, ma allo stesso tempo sono tra le più affascinanti a livello di esperienza: si tratta di quelle tecniche che portano non solo la nostra mente fuori dai suoi stati ordinari ma alterano la nostra stessa percezione sensoriale, originando creazioni mentali, visioni e allucinazioni in parte direzionabili in maniera cosciente.

---

153 Troverete altre informazioni in Michael Harner, *La via dello sciamano*, Edizioni Mediterranee, Roma 2009.

Come le Gnosi ipnotiche, sono molto adatte ai rituali che richiedono tempo, ma a differenza delle precedenti raramente lasciano molto "margine di manovra" fisico al praticante, che di solito si ritrova disteso e incapace di fare altro se non operare con la propria mente. L'ideale sarebbe scegliere incantesimi che non richiedano l'uso del corpo.

Deprivazione sensoriale

Fin dagli anni Cinquanta, è stato dimostrato che se si inserisce un essere umano in un ambiente in cui tutte le stimolazioni sensoriali sono ridotte al minimo, se non eliminate del tutto, quella persona sperimenterà potenti stati di alterazione della coscienza, molto spesso accompagnati da allucinazioni visive e auditive particolarmente nitide. Per spiegare il fenomeno la teoria più accreditata sarebbe che il nostro cervello non è progettato per smettere di ricevere impressioni sensoriali, e se di colpo se ne ritrova deprivato non può far altro che "compensare" creandone altre autonomamente.

È evidente come in una situazione del genere il Censore Interno sia perlomeno molto confuso e, a parte questo, posso testimoniare che durante la deprivazione sensoriale (che io ho sperimentato in un centro medico svizzero) si possono ottenere visualizzazioni di intensità straordinaria. Il problema principale è che non si può ottenere una vera deprivazione sensoriale, con effettiva riduzione al minimo di tutti e cinque i sensi, senza una vasca di deprivazione. Si tratta di una capsula isolata dal mondo esterno in cui il corpo galleggia in una soluzione alla stessa temperatura della pelle, come quella ideata dal neuroscienziato John Lilly che abbiamo già incontrato nel capitolo 2. Apparecchi del genere di solito si trovano solo in centri medici specializzati, ma alcuni di questi li mettono a disposizione (a pagamento) anche di persone che non necessitano di terapie ma sono incuriosite dall'esperienza.

In alternativa si può cercare di creare forme di deprivazione "minore" isolandosi in un ambiente perfettamente buio e molto silenzioso, con l'aria priva di odori e a temperatura corporea, dove si dovrà stare sdraiati su una superficie più morbida possibile. Probabilmente sarà necessario rimanere in quel sito per un periodo più lungo che in una vasca di deprivazione, ma penso che si possano ottenere comunque risultati interessanti.

Meditazione

Una volta ho sentito dire che al mondo esistono "altrettante forme di meditazione quante sono le foglie sugli alberi di una foresta." È chiaramente un'iperbole, basata comunque su un fatto: le tecniche meditative praticate oggi sono moltissime.

In vita mia ho praticato soprattutto quelle di derivazione sciamanica, quelle del Tantra della Mano Destra (Tantra Bianco) e il cosiddetto Yoga del Sogno. Ma non vi darò indicazioni in merito: se l'idea della meditazione vi attira, con un po' di ricerca, ed eventualmente un po' di sperimentazione, troverete senz'altro le tecniche migliori per voi. Al massimo posso suggerirvi di privilegiare quelle basate sulla visualizzazione, ovviamente le più adatte a un'applicazione magica. Un testo utile, oltre al già citato *The Way of the Oracle* di Diana L. Paxson, è *Trance-Portation* della stessa autrice,[154] che contiene delucidazioni ed esercizi pensati appositamente per i praticanti di magia. Per giunta, devo citare senz'altro di nuovo *Magical Immagiation* di Nick Farrell.

La meditazione applicata alla magia presenta molte sfaccettature affascinanti; per mancanza di spazio, mi limiterò a indicarne due.

La prima, una volta raggiunto uno stato di trance meditativa, è la possibilità di poterlo trasferire a un'altra persona tramite il contatto delle mani e altre tecniche specifiche. Sull'argomento Peter Paddon ha scritto *Enchantment*, interessante manuale pratico su quello che è comunemente considerato l'atto dell'incantesimo.[155].

---

154 Diana L. Paxson, *Trance-Portation. Learning to Navigate the Inner World*, Llewellyn Publications, Woodbury, Minnesota 2008.

155 Peter Paddon, *Enchantment. The Witch's Art of Manipulation through Gesture, Gaze and Glammour*, Pendraig Publishing, Los Angeles 2013.

La seconda è il fatto che le forme di meditazione, normalmente concepite come pratiche "lunghe", possono divenire "portatili", ovvero è possibile fare in modo di riprodurre nella nostra mente determinati effetti della meditazione associando quest'ultima a specifici *trigger*, cioè a elementi che ci riportino immediatamente al nostro "sentire" durante la meditazione. E i migliori *trigger* in questione sono le posizioni delle dita, i ben noti *mudra* delle tradizioni yogiche. In altre parole, se durante la meditazione ci abituiamo a tenere le dita in un certo modo, riproducendo la posizione che assumono quando non stiamo meditando, il nostro cervello, per condizionamento pavloviano, riprodurrà anche alcune delle sensazioni e degli stati mentali tipici della meditazione. Lo stesso effetto si può ottenere anche con parole o suoni chiave anziché con posizioni del corpo. Tecniche simili esistono per esempio nella PNL, in cui sono chiamate *ancoraggi* e sono insegnate come metodo per prendere il controllo dei nostri stati emotivi. Non è un effetto facile da ottenere, almeno all'inizio, ma si può apprendere a produrlo e ottenere risultati impressionanti. Tra tutti i libri sull'argomento, il mio preferito è *Instant Magick* di Christopher Penczak[156].

Sogno lucido

I sogni lucidi, ovvero quelli nei quali, a un certo punto, ci rendiamo conto di sognare e di poter influire volontariamente su quel che accade nel sogno, sono a mio avviso tra le esperienze più straordinarie che si possano vivere. Tutti, ogni tanto, si imbattono nei sogni lucidi spontanei, e ad alcune persone (fortunate) capita più spesso di altre; al di là della fortuna, però è possibile indurli intenzionalmente con particolari tecniche di addestramento mentale che, con un po' di energia e di pazienza, sono alla portata di tutti.

---

156 Christopher Penczak, *Instant Magick*, Llewellyn Publications, Woodbury, Minnesota 2005, p. 62-63.

Quando sogniamo – anche quando lo facciamo in modo lucido – il Censore Interno è spento: se diveniamo coscienti in un sogno possiamo disegnare e lanciare sigilli, eseguire rituali e persino creare "anticipazioni" dei nostri incantesimi che non sarebbero possibili nel mondo reale (immaginate, per esempio, di scrivere un sigillo nell'aria usando scie di fuoco prodotte dalle vostre dita...)

Se vi sembra incredibile, vi garantisco invece che è tutto vero: io ho praticato il sogno lucido per anni, arrivando a generare almeno un sogno lucido alla settimana, e tramite i sogni ho realizzato alcuni degli incantesimi più sorprendenti della mia carriera. Esistono molte tecniche e diversi manuali (facilmente reperibili) su questo tema: quello sul quale ho studiato è *Exploring the World of Lucid Dreaming* di Stephen LaBerge[157], il più importante studioso al mondo di questo argomento.

Sostanze chimiche

Ovviamente potenti stati di alterazione mentale con allucinazioni e visioni si possono indurre anche con l'assunzione di sostanze chimiche psicotrope.

> ATTENZIONE: la maggioranza delle sostanze che alterano la psiche è vietata dalla legge italiana, con le sole eccezioni dell'alcol, della caffeina e della nicotina. Dunque vi invito caldamente a *non* fare esperimenti illegali con queste sostanze nel nostro paese: se siete interessati alla Gnosi chimica, limitatevi a usare le sostanze legali in Italia oppure trasferitevi in paesi dove le leggi sono più permissive, per esempio nei Paesi Bassi, che non vietano molte di queste sostanze (tra cui allucinogeni come i funghi *Psilocybe*).

157 Stephen LaBerge e Howard Rheingold, *Exploring the World of Lucid Dreaming*, Ballantine Books, New York 1991.

Fatta questa doverosa premessa, è altrettanto doveroso segnalare che gli stati di Gnosi indotti dalle sostanze chimiche sono particolarmente difficili da governare. Se immaginate di ubriacarvi fino a perdere il senso della realtà (attività che – scusate se insisto – fa malissimo alla salute), riuscite a vedervi mentre mettete in atto correttamente anche il più semplice degli incantesimi? A questa stregua, piuttosto, ha più senso usare l'alcol come "facilitatore": se si è leggermente brilli, anziché ubriachi, si è ancora abbastanza padroni di se stessi da poter fare diverse cose e si può anche diventare più ricettivi ad altre tecniche di Gnosi. Vi raccomando di fare esperimenti del genere solo a casa vostra, in condizioni di assoluta sicurezza e possibilmente non da soli.

La caffeina a sua volta può indurre forti stati di alterazione psichica (di tipo più eccitatorio che allucinatorio), ma per ottenerli è necessario berne quantitativi molto elevati, altra attività molto dannosa per la salute e dunque certamente sconsigliata.

Infine c'è la nicotina, le cui potenzialità alteranti sono incredibilmente (e irresponsabilmente) ignorate nella nostra società, in cui si fuma come se non ci fosse un domani, beatamente ignari del fatto che, presso i popoli dell'America precolombiana, la pianta del tabacco fosse sacra non meno di quella della coca e usata normalmente in rituali magici, religiosi e sciamanici. Ma se non siete fumatori abituali, e quindi non ancora assuefatti, vi garantisco che basta masticare una o due gomme alla nicotina di seguito per avere una reazione psicotropa accelerata, che qualcuno (non io) sarà certamente in grado di usare come tecnica di Gnosi.

Se invece vi trovate in un paese nel quale è permesso l'uso di determinate sostanze e volete fare esperimenti di Gnosi chimica, il libro imprescindibile per voi è il già citato *Getting Higher: The Manual of Psychedelic Ceremony* di Julian Vayne, in cui l'autore, un mago veterano delle esplorazioni psiconautiche, vi guiderà passo dopo passo nella celebrazione della perfetta cerimonia magico-psichedelica.

Una serie di interessanti alternative all'uso sostanze psicotrope è contenuta nello straordinario libretto *Stoned Free. How to Get High Without Drugs* di Patrick Wells e Douglas Rashkoff, bestseller e "classico moderno" nel suo genere, che descrive una miriade di tecniche per raggiungere stati alterati di coscienza senza ricorrere alle sostanze psicoattive, con mezzi legali e praticamente ovunque.[158]

Visualizzazione

L'ultima forma di Gnosi visionaria è diventare talmente bravi a creare immagini, suoni, situazioni nella nostra mente da bypassare persino il Censore Interno, che si spegne semplicemente perché siamo così concentrati sulla nostra visualizzazione che la mente "elimina" tutto quel che non è necessario.

Le persone con un'immaginazione più vivida e/o con una buona disciplina mentale ci possono arrivare più facilmente, ma anche questa in realtà è una tecnica alla portata di tutti, e infatti la si pratica in tutto il mondo, dagli sciamani dell'Amazzonia ai monaci tibetani, famosi per la loro capacità, nelle forme più profonde di meditazione, di visualizzare mandala complicatissimi.

Ma non è necessario arrivare a tanto: anche solo imparare a visualizzare un sigillo in forma tridimensionale, completo di superfici e colori, e riuscire a ruotarlo nello spazio su vari assi spesso è un esercizio sufficiente a indurre una Gnosi breve ma effettiva. Io lo faccio da molti anni, con ottimi risultati.

158 Patrick Wells e Douglas Rashkoff, *Stoned Free. How to Get High Without Drugs*, Loompanics Unlimited, Port Townsend, Washington 1995.

8. IN CONCLUSIONE: PENSIERI DI UNO STREGONE DEL XXI SECOLO

Io sono un mago del Caos (anche se preferisco il termine *stregone*) di terza generazione.

Non ho scoperto la Magia del Caos all'inizio dei "ribollenti" anni Ottanta, quando aveva appena cominciato a farsi strada e a suscitare perplessità e stupore nei paludati circoli esoterici europei perché all'epoca ero un bambino. E nemmeno negli anni Novanta, quando ormai aveva attraversato l'oceano e, grazie a divulgatori pop come Grant Morrison e Alan Moore e aveva allungato i suoi tentacoli fuori dal mondo ristretto dell'occulto. L'ho scoperta "solo" un quarto di secolo fa, all'inizio degli anni Duemila, quando ormai aveva raggiunto una certa stabilità (anche sul piano della reputazione) e, nonostante avesse poco più di vent'anni, doveva già sopportare le voci che ne annunciavano la morte.

Forse proprio perché faccio parte del gruppo dei "ritardatari" rispetto ai praticanti storici, tanti dei problemi che stanno a cuore a questi ultimi e che emergono spesso nei loro scritti io non li avverto come particolarmente rilevanti, a partire dall'onnipresente e petulante domanda (scusatemi, però io nella mia testa la considero petulante, non posso farci niente): "Ma la Magia del Caos non sarà già morta?".

Al di là del fatto che l'ovvia risposta è "no", basta guardarsi attorno nel mondo dell'esoterismo per rendersene conto, dal mio modesto punto di vista è una domanda che parte proprio da presupposti sbagliati. Il "polemista" Alan Chapman, più volte citato, è forse il più convinto alfiere dell'idea che la Magia del Caos come concetto è morta e sepolta, spesso fa notare[159] che tutto quel che c'era da dire sulle teorie e le meccaniche caosiane era già stato scritto nel primo libro di Peter Carroll e che tutto il resto sono solo variazioni sul tema (punto sul quale posso anche concordare); inoltre, sostiene che la Magia del Caos in se stessa non può sopravvivere come scuola di pensiero proprio perché non ha alle spalle una tradizione strutturata e organizzata.

Un'idea francamente ridicola, dal mio punto di vista: *nessuna* tradizione magica alla nascita aveva una tradizione alle spalle, né un'organizzazione articolata. Ogni scuola di pensiero è nata come un'idea che, con il tempo e la pratica, ha consolidato la propria struttura. In base al principio di Chapman, tutte quelle che oggi sono tradizioni magiche solide sarebbero dovute morire già a vent'anni dalla loro origine. Vorrei aggiungere, infine, che Chapman sarebbe stato più credibile nelle sue obiezioni se non avesse fondato una scuola privata, dove pretende di offrire alla Magia del Caos tutto quel che le manca, a suo dire).

A questa stregua trovo più sensate le domande di un altro mago postmoderno, Gordon White, autore tanto intelligente da farsi perdonare i toni spesso saccenti. Nel suo interessante libretto *Pieces of Eight* si chiede infatti se la Magia del Caos, nata come legittima reazione, venata di iconoclastia, alla rigidità delle strutture (esoteriche, politiche, sociali ecc.) della fine degli anni Settanta del Novecento e se abbia ancora senso in un mondo destrutturato, dove l'organizzazione è stata sostituita da una fluidità impossibile da controllare,[160] concetto che peraltro ho ribadito io stesso nell'introduzione al presente libro.

---

159 Chapman, *Advanced Magick*, p. 11-12.
160 *Introduzione* in Gordon White, *Pieces of Eight. Chaos Magic Essays and Enchantments*, Independently Published 2016.

La risposta che si dà lui stesso è "... sì, ha ancora senso", perché lo spirito ribelle e anticonformista è rimasto, virando verso concetti più pratici. La Magia del Caos, a suo dire, oggi non distrugge più le "immagini sacre" della tradizione, ma distrugge le scuse e le forme di auto-illusione: il vero mago del Caos valuta i risultati e non si perde in discussioni misticheggianti, preferisce la sua esperienza pratica alle *auctoritates*, ama le spiegazioni probabilistiche e non quelle trascendenti, e in generale non ha riguardi per i tabù delle tradizioni esoteriche occidentali.

Un altro argomento che ritorna ossessivamente nei libri dei caosiani più anziani di me è: "Perché la magia funziona?". Questa è già una domanda più interessante, ma entro certi limiti. Lo stesso Carroll ci ha ragionato per tutta la vita, fino a produrre un testo difficilissimo (almeno per me, che non sono versato in matematica o in fisica!) come *The Octavo*, che a quindici anni dalla sua pubblicazione rimane probabilmente lo "stato dell'arte" della magia postmoderna. D'altronde il collegamento tra Magia del Caos e scienza è sempre stato diretto: molti praticanti di oggi pensano che il Caos presente nel nome si riferisca alla possibilità di "fare tutto quel che si vuole", laddove Carroll ha sempre sostenuto esplicitamente (e i suoi allievi ci tengono a ricordarlo) che l'ispirazione per il nome gli venne dalla "scienza del caos e dalla "matematica del caso", concetti che stavano affermando proprio negli anni Settanta.

C'è poi un altro punto su cui mi sento di dover spendere due parole. Il solito Chapman ha tentato di decostruire la Magia del Caos – ne ho già accennato nel capitolo 5. – fino a sostenere che la Gnosi non è necessaria affinché un incantesimo funzioni. Quando lessi per la prima volta questa affermazione, una buona dozzina di anni fa, mi trovai in totale disaccordo con Chapman, cosa che andai avanti a ripetere per anni. Ma anch'io avevo bisogno di tempo per riflettere. Più recentemente, un mago autorevole come Dave Lee ha parlato[161] di esperimenti condotti da lui e da altri

161 Lee, *Collective Spirits* in *This is Chaos*, p. 137-138.

Illuminati di Thanateros che sembrerebbero avvalorare la tesi di Chapman.

Il punto fondamentale secondo me è ben espresso da Andrieh Vitimus quando afferma che "Ottenere qualcosa con la sola volontà cosciente funziona *di rado*, perché alla mente piace giocare brutti scherzi a se stessa".[162] A fare tutta la differenza è quel *di rado*: la mia posizione è che *la maggior parte delle volte* sarà necessaria la Gnosi per bypassare il Censore Interno, e quindi il suo impiego è sempre consigliato. Qualche volta, senza dubbio, la mente riesce comunque a manifestare quel che desidera senza bisogno di particolari accorgimenti, e in questo caso posso dare ragione anche a Chapman. Insomma, per me la necessità della Gnosi è una certezza a livello statistico, non assoluto.

Ma si tratta di questioni che mi preoccupano poco: la vita e l'esperienza mi hanno dimostrato incontrovertibilmente che la Magia del Caos funziona, e in genere preferisco dirigere le mie energie cognitive altrove partendo da questo punto, pur conservando il massimo rispetto per chi si interroga sul "come" e sul "perché". In tal senso uno dei pochissimi libri sulla Magia del Caos tradotti in italiano è il già citato *Magia del Caos per scettici* di Carlos Atanes: un libro ben concepito che fornisce ottimi argomenti con cui presentare la magia al mondo contemporaneo. Ma io e Atanes abbiamo in mente due diversi lettori: lui giustamente si rivolge a chi non ne sa nulla e non è convinto, io mi rivolgo a qualcuno che magari non ne sa nulla ma ha preso in mano il mio libro perché vuole praticare la magia. Insomma io sono libero dal fardello di dovermi giustificare, il che non è poco.

Quello che ho presentato in queste pagine è il sunto di un quarto di secolo di studi ed esperienza diretta. Chiaro che in tutto ciò c'è una grossa dose di individualità: nella maggior parte dei loro libri i praticanti – soprattutto quelli che non appartengono alle prima on-

162 Vitimus, *Hands-On Chaos Magic*, p. 107.

data – tendono a spiegare il senso che *loro* attribuiscono alla Magia del Caos. D'altronde mi sembra inevitabile: quale forma di magia al mondo è più individuale di questa? Come fa notare la strega del Caos Jaq D. Hawkins, con la quale mi trovo spesso d'accordo, un autore odierno può: "... parlare di misticismo orientale da un punto di vista caosiano, scrivere un libro sui rituali discordiani o parlare del suo diario magico personale e nessuno potrebbe obiettare "*Ma questa non è Magia del Caos*"."[163]

E dunque, se come stregone postmoderno mi sento poco coinvolto da domande del tipo: "Ma la magia esiste?" o "E come funziona?", quali sono le domande che mi stanno a cuore?

Almeno questa volta ho una risposta chiara: senza dubbio la domanda più importante per me è "Perché usarla?".

Siamo nel 2025. La scienza ha reso possibile l'impossibile e ha distrutto il mondo e lo ha ricreato quasi del tutto. Tutto è istantaneo, sterilizzato, più che performante. Abbiamo armi capaci di annientare ogni cosa e un giorno sì, un giorno no lottiamo con la tentazione di usarle. Intanto le IA si preparano a lavorare al posto nostro (peggio di noi?) e personaggi che paiono usciti da un romanzo poco ispirato progettano di colonizzare altri pianeti. E in mezzo a tutto questo c'è gente come me, che affronta i suoi piccoli e grandi problemi a colpi di incantesimi e rituali arcani.

Siamo dei poveri allucinati?

Domanda interessante. Se volessi dare una risposta puramente psicologica (e l'ho fatto tante volte, negli anni), la darei con una citazione dello stregone tedesco Jan Fries, la mia preferita:

> *Che valore hanno le nostre visioni? Non possiamo aspettarci di percepire realtà oggettive usando le nostre menti soggettive: insistere che una visione sia vera o reale sarebbe piuttosto sciocco, indipendentemente dall'intensità con cui l'abbiamo percepita. Non c'è biso-*

163 Hawkins, *The Chaonomicon*, p. 131.

gno di essere credenti o scettici davanti alle nostre stesse esperienze: a conti fatti, il loro unico test di qualità è rappresentato da quel che di utile ne possiamo trarre. Se una visione ci colpisce, ci commuove, ci insegna qualcosa, ci ispira o in qualche modo ci trasforma, non ha nessuna importanza che sia reale o illusoria: è vera quanto basta.[164]

Ma queste splendide parole, per quanto ci sia affezionato, non bastano.

Una domanda che mi hanno rivolto più spesso di quanto non mi aspettassi è: "Perché hai iniziato a usare la magia?". Ebbene, qui la risposta che do più spesso è: "Perché volevo un mezzo per aiutare me stesso e le persone a cui voglio bene quando non ci sono altri mezzi a disposizione." In altre parole, cercavo un sistema per "barare al gioco della vita", nel quale sono tutt'ora convinto che sia straordinariamente difficile vincere se si sta alle regole. Perché sono regole pensate apposta per farci perdere, soprattutto nel mondo di oggi.

Ma ancora non basta.

La Magia del Caos per definizione non ha una sua etica, non dice e non ha mai detto ai suoi praticanti che cosa è giusto o che cosa è sbagliato fare, riconoscendo che si tratta di valutazioni strettamente personali. Ma forse quel che più si avvicina a un forma di moralità sono le parole di Peter Carroll in uno dei suoi passi più belli, nelle pagine finali di *The Octavo*:

Per molte persone oggi le scelte identitarie sono quelle dettate dal consumismo. Ma un mago trova più soddisfazione nel creare che nell'acquisire, indipendentemente da quello che gli altri penseranno delle sue creazioni. Integrare un nuovo pezzo di mobilio mentale nella nostra visione del mondo, una creazione artistica, l'apprendimento di una nuova capacità, la nascita di una nuova amicizia o di una relazione: tutte queste sono cose che lasciano un senso di sod-

---

164 Fries, *Visual Magick*, p. 143.

disfazione ben più duraturo di un semplice acquisto. Dunque, usate la magia per i vostri bisogni se serve, ma se potete usatela piuttosto per evocare opportunità ed esperienze di qualità. Non usatela per cercare denaro, ma per le esperienze per le quali spendereste quel denaro se fosse vostro. E vedrete che qualunque somma necessaria si materializzerà come effetto collaterale.[165]

Ed ecco che forse ci siamo avvicinati alla risposta che io stesso stavo cercando. Che posto ha la magia in un mondo come il nostro? Quello di aiutare a rendere la nostra vita qualcosa di migliore, di più significativo, di più bello. Quello non solo di risolvere un problema – magari piccolo ma fastidioso oppure grande e apparentemente insormontabile – ma di farlo con un'eleganza che ci fa spalancare gli occhi per la sorpresa e la meraviglia.

Io quella meraviglia l'ho vista tante volte negli occhi delle persone con cui ho avuto a che fare, e ammetto che non mi stanco mai di vederla. Ci rende tutti più ricchi.

Me. Voi. Tutti quanti.

E quindi siate maghi e streghe, amici miei. Armatevi di bacchette e sigilli, di ossa incise e strane pietre, di grimori e di complicati grovigli di parole arcane. Perché il mondo ha bisogno di magia, un bisogno disperato. E solo voi potete aiutarlo.

165 Carroll, *The Octavo*, p. 139,

RISORSE ONLINE

Sito ufficiale di Peter J. Carroll e dell'Arcanorium College
https://www.specularium.org

Sito ufficiale di Phil Hine
https://enfolding.org

Sito ufficiale di Carlos Atanes
https://www.carlosatanes.com

Canale YouTube di Ramsey Dukes
https://www.youtube.com/c/RamseyDukes

Sito ufficiale di Jaq D. Hawkins
http://jaqdhawkins.com

Sito ufficiale di Dave Lee
www.chaotopia.com

Sito ufficiale di Konstantinos
http://www.konstantinos.com

Sito ufficiale di Julian Vayne
www.julianvayne.com

Sito ufficiale di Andrieh Vitimus
https://andriehvitimus.com

Sito ufficiale di Gordon White
https://runesoup.com

Sito della sede americana degli Illuminati di Thahateros
https://iot-na.thanateros.org

Blog di Jan Fries
https://janfries.home.blog

Sito ufficiale di Raven Kaldera
https://ravenkaldera.org

Blog di Peter Paddon
https://peterpaddon.blogspot.com

Sito ufficiale di Diana L. Paxson
https://diana-paxson.com

Sito ufficiale di Christopher Penczak
https://christopherpenczak.com

Sito ufficiale di Aidan Wachter
https://www.aidanwachter.com

Blog di Robert Anton Wilson
https://robertantonwilson.blogspot.com

Blog e canale YouTube di Juri Abietti, esoterista italiano molto preparato sulla Magia del Caos
https://lastellaaottopunte.wordpress.com
https://www.youtube.com/@lastellaaottopunte

BIBLIOGRAFIA

Carlos Atanes, *Magia del Caos per scettici*, Venexia Editrice, Roma 2024

Annie Besant e Charles W. Leadbeater, *Le Forme-Pensiero*, Anguana Edizioni, Sossano 2020

Andrea Bocchi Modrone, *Le Livre du Vaudou. Misteri e segreti di una religione*, Edizioni Il Crogiuolo, Milano 2003

Phil Baker, *Austin Osman Spare: The Life and Legend of London's Lost Artist* (revised edition), Strange Attractor Press, Londra 2023

Sarah Bartlett, *Knot Magic*, Wellfleet Press, New York 2020 (ed.it. *Incantesimi con i nodi*, Armenia, Milano 2020)

Raymond Buckland, *Practical Candleburning Rituals. Spells & Rituals for Every Purpose*, Llewellyn Publications, Woodbury, Minnesota 2002

Christiane Buisset, *Eliphas Lévi: sa vie, son œuvre, ses pensées*, Editions de La Maisnie, Paris 1984

Peter J. Carroll, *Liber Null & Psychonaut*, Weiser Books, San Francisco 1987 (in italiano *Liber Null e Psiconauta*, Edizioni Spazio Interiore, Roma 2025)

- *Liber Kaos*, Weiser Books, San Francisco 1992
- *Psybermagick*, New Falcon Publications, Tempe, Arizona 1996
- *The Apophenion*, Mandrake of Oxford, Oxford 2008
- *The Octavo*, Mandrake of Oxford, Oxford 2010
- *Epoch*, Mandrake of Oxford, Oxford 2025 (ed. originale Arcanorium College 2014)
- *This Is Chaos*, Weiser Books, San Francisco 2025

Peter J. Carroll & Ian Blumberg-Enge, *Interview with a Wizard*, Mandrake of Oxford, Oxford 2022

Alan Chapman, *Advanced Magick for Beginners*, Aeon Books, Londra 2008

La Chiave di Salomone, Fanucci Editore, Roma 2019

David Chidester, *Authentic Fakes: Religion and American Popular Culture, University of California Press, Berkeley 2005*

Michael Coltrane, *Naked Magic*, Independently Published 2011

Aleister Crowley, *The Works of Aleister Crowley - Complete*, Create Space Independently Publishing Platform, 2013

- *Magick*, Astrolabio Ubaldini, Roma 2021
- *L'Equinozio degli Dèi*, Astrolabio Ubaldini, Roma 2021
- *Magick Without Tears*, Cerchio della Luna, Verona 2020

David Michael Cunningham, *Creating Magickal Entities. A complete Guide to Entity Creation*, Egregore Publishing, Perrysburg 2003

Ramsey Dukes, *Words Made Flesh*, 2da ed., The Mouse That Spins, England 2003

- *SSOTMBE revised*, The Mouse That Spins, England 2022

Patrick Dunn, *Postmodern Magic. The Art Of Magic In The Information Age*, Llewellyn Publications, Woodbury, Minnesota 2005

- *Magic, Power, Language, Symbol*, Llewellyn Publications, Woodbury, Minnesota 2008
- *The Practical Art of Divine Magic. Contemporary & Ancient Techniques of Theurgy*, Llewellyn Publications, Woodbury, Minnesota 2021

Nevill Drury, *Stealing Fire from Heaven. The Rise of Modern Western Magic*, Oxford University Press, New York 2011

Elder Phoenix, *The Blazing Grimoire*, Independently Published, 2025

Taylor Ellwood, *The Pop Culture Grimoire*, Immarion Press/Megalithica Books, Stafford 2008

Necronomicon. Il libro segreto di H.P. Lovecraft, Fanucci Editore, Roma 1979

Philip H. Farber, *Brain Magick. Exercises in Meta-Magick and Invocation*, Llewellyn Publications, Woodbury, Minnesota 2011
Nick Farrell, *Magical Immagiation. The Keys to Magic*, Skylight Press, Cheltenham 2013
Stephen E. Flowers, *Fire and Ice*, Llewellyn Publications, St. Paul, Minnesota 1994
Jan Fries, *Visual Magick*, Mandrake of Oxford, Oxford 1992
- *Seidways. Shaking, Swaying and Serpent Mysteries*, Mandrake of Oxford, Oxford 1996

Adam Gorightly, *The Prankster and the Conspiracy: The Story of Kerry Thornley and How He Met Oswald and Inspired the Counterculture*, Paraview Press, New York 2003
- *Historia Discordia. The Origins of the Discordian Society*, RVP Press, New York 2014

Fritz Graf, *La magia nel mondo antico*, Laterza, Roma-Bari 2009
Kenneth Grant, *The Magical Revival*, Frederick Mueller Publishing, Londra 1972 (in italiano *Il risveglio della magia*, Astrolabio Ubaldini, Roma 1978)
Robert Greenfield, *Timothy Leary. Una biografia*, Fandango Libri, Milano 2012
Michael Harner, *La via dello sciamano*, Edizioni Mediterranee, Roma 2009
Jaq D. Hawkins, *The Chaonomicon*, Goblin Publishing, Buckinghamshire 2017
Phil Hine, *Prime Chaos*, New Falcon Publications, Tempe, Arizona 1993
- *Condensed Chaos*, New Falcon Publications, Tempe, Arizona 1995 (*in italiano Chaos Magick. Introduzione alla Magia del Caos,* Edizioni Spazio Interiore, Roma 2024)
- *The Pseudonomicon*, New Falcon Publications, Tempe, Arizona 2004
- *Aspects of Evocation*, Independently Published, Londra 1988
- *PerMutations*, Independently Published, Londra 1997

Massimo Introvigne, *Il cappello del mago. I nuovi movimenti magici, dallo spiritismo al satanismo*, Sugarco Edizioni, Milano 1990

- *Indagine sul satanismo. Satanisti e anti-satanisti dal Seicento ai giorni nostri, Mondadori, Milano 1994*

Richard Kaczynski, *Perdurabo: The Life of Aleister Crowley*, North Atlantic Books, Berkeley 2010

Raven Kaldera e Kenaz Filan, *Talking to the Spirits. Personal Gnosis in Pagan Religion*, Destiny Books, Rochester, Vermont 2013

Raven Kaldera e Tannin Schwartzstein, *The Urban Primitive. Paganism in the Concrete Jungle*, Llewellyn Publications, Woodbury, Minnesota 2002

Konstantinos, *Nocturnicon. Calling Dark Forces and Powers*, Llewellyn Publications, Woodbury, Minnesota 2005

Donald Michael Kraig, *Modern Sex Magick. Secrets of Erotic Spirituality*, Llewellyn Publications, Woodbury, Minnesota 2002. (in italiano *Modern Sex Magick. Segreti di spiritualità erotica*, tre vol., Antipodi Edizioni, Torino 2018)

Jeffrey S. Kupperman, *Living Theurgy. A Course in Iamblichus' Philosophy, Theology and Theurgy*, Avalonia, Londra 2013

Stephen LaBerge e Howard Rheingold, *Exploring the World of Lucid Dreaming*, Ballantine Books, New York 1991

Donald C. Laycock, *The Complete Enochian Dictionary*, Weiser Books, San Francisco 2001

Timothy Leary, *Il gran sacerdore*, ShaKe, Milano 2006

- *Neuropolitica. Il potere, la controcultura e l'America conforme*, Castelvecchi, Roma 2013
- *Chaos & Cyber Culture*, Ronin Publishing, Berkeley 2014

Timothy Leary e Ralph Metzner, *L'esperienza psichedelica*, Mondadori, Milano 2024

Dave Lee, *Chaotopia! Sorcery and Ecstasy in the Fifth Aeon*, Mandrake of Oxford, Oxford 2006

Eliphas Lévi, *La chiave dei Grandi Misteri*, Atanòr, Roma 1994

- *Il Rituale dell'Alta Magia*, Atanòr, Roma 1994

- *Il Dogma dell'Alta Magia*, Atanòr, Roma 1995
- *I misteri della Cabala*, Atanòr, Roma 2013
- *Il libro rosso. Magismo, scienze occulte e filosofia ermetica*, Libraio Editore, Milano 2018
- *The History of Magic: Including a clear and precise exposition of its procedure, its rites and its mysteries. Translated, with preface and notes by A. E. Waite*, Aziloth Books, Rookhope 2020
- *Corso di filosofia occulta,* Edizioni Mediterranee, Roma 2021
- *Storia della Magia*, Libraio Editore, Milano 2023

Frater U∴D∴, *Practical Sigil Magic*, Llewellyn Publications, Woodbury, Minnesota 2012 (in italiano *La magia dei sigilli*, Venexia Editrice, Roma 2021)

Malaclypse the Younger e Omar Khayyam Ravenhurst, *Principia Discordia. How I Found Goddess And What I Did To Her When I Found Her*, Forgotten Books, Londra 2008

Dennis McKenna, *The Brotherhood of the Screaming Abyss: My Life With Terence McKenna*, Synergetic Press, Santa Fe 2023

Terence McKenna, *Il nutrimento degli dei*, URRA, Milano 2001
- *Vere allucinazioni*, ShaKe, Milano 2008
- *DMT. Conferenze, visioni e predizioni su come raggiungere il piano divino*, ShaKe, Milano 2015

Terence McKenna e Dennis McKenna, *Lo scenario invisibile. Mente, allucinogeni e I-Ching*, Edizioni Spazio Interiore, Roma 2024

Jason Miller, *The Sorcerer's Secrets. Strategies in Practical Magick*, New Page Books/Weiser, Newburyport 2009

Grant Morrison, *Supergods. Our World in the Age of the Superhero*, Random House, Londra 2011 (in italiano *Supergods*, Bao Publishing, Milano 2013)
- *The Invisibles*, Panini Comics, Modena 2020

Peter Paddon, *Visceral Magick. Bridging the Gap between Mundane and Magick*, Pendraig Publishing, Los Angeles 2010
- *Enchantment. The Witch's Art of Manipulation through Gesture, Gaze and Glammour*, Pendraig Publishing, Los Angeles 2013

Diana L. Paxson, *Trance-Portation. Learning to Navigate the Inner World*, Llewellyn Publications, Woodbury, Minnesota 2008
- *The Way of the Oracle*, Weiser Books, San Francisco 2012

Christopher Penczak, *City Magick. Urban Rituals, Spells and Shamanism*, Weiser Books, San Francisco 2001
- *Instant Magick*, Llewellyn Publications, Woodbury, Minnesota 2005

La Piccola Chiave e il Testamento di Salomone, Fanucci Editore, Roma 2021

Ray Sherwin, *The Theatre of Magick*, Sorcerer's Apprentice, Leeds 1982

Austin Osman Spare, *Il libro del piacere (amore di sé). La psicologia dell'estasi*, Media Print, Livorno 2017

Lawrence Sutin, *Fa ciò che vuoi. Vita e opere di Aleister Crowley*, Castelvecchi, Roma 2006

John Symonds, *Aleister Crowley: la Bestia 666*, Edizioni Mediterranee, Roma 2006

Gipsey Elaine Teague, *Steampunk Magic*, Llewellyn Publications, Woodbury, Minnesota 2013

Donald Tyson, *The 13 Gates of the Necronomicon. A Workbook of Magic*, Llewellyn Publications, Woodbury, Minnesota 2010

Julian Vayne, *Magick Works*, Mandrake of Oxford, Oxford 2008
- *Getting Higher: The Manual of Psychedelic Ceremony*, Psychedelic Press, Londra 2017

Marco Visconti, *Il manuale di Aleister Crowley*, Lo Scarabeo, Torino 2024

Andrieh Vitimus, *Hands-On Chaos Magic*, Llewellyn Publications, Woodbury, Minnesota 2009

Aidan Wachter, *Weaving Fate. Hypersigils, Changing the Past and Telling True Lies*, Red Temple Press, USA 2020

Patrick Wells e Douglas Rashkoff, *Stoned Free. How to Get High Without Drugs*, Loompanics Unlimited, Port Townsend, Washington 1995

Joshua Wetzel, *The Paradigmal Pirate*, Immarion Press/Megalithica Books, Stafford 2006

- *Ill Thoughts, Ill Words, Ill Deeds. A Toxic Magick Primer: Volume 1*, Immanion Press/Megalithica Books, Stafford 2021

Gordon White, *Pieces of Eight. Chaos Magic Essays and Enchantments*, Independently Published 2016

Robert Anton Wilson, *Illuminati Papers*, Ronin Publishing, Berkeley 1986

- *Prometheus Rising*, Hilaritas Press, Grand Junction 2016
- *Quantum Psychology*, Hilaritas Press, Grand Junction 2016
- *Cosmic Trigger I: Final Secret of the Illuminati*, Hilaritas Press, Grand Junction 2016
- *Cosmic Trigger II: Down to Earth*, Hilaritas Press, Grand Junction 2019
- *Cosmic Trigger III: My Life After Death*, Hilaritas Press, Grand Junction 2019
- *Coincidance*, Hilaritas Press, Grand Junction 2018
- *Ishtar Rising*, Hilaritas Press, Grand Junction 2020
- *The New Inquisition: Irrational Rationalism and the Citadel of Science*, Hilaritas Press, Grand Junction 2020
- *Sex Drugs & Magick. I sentieri proibiti della trascendenza*, Edizioni Spazio Interiore, Roma 2021

Robert Anton Wilson e Robert Shea, *L'occhio nella piramide*, Shake, Milano 1995

- *La mela d'oro*, Shake, Milano 1997
- *Il Leviatano*, Shake, Milano 2000

Jianwei Xun, *Ipnocrazia. Trump, Musk e la nuova architettura della realtà*, Tlon, Roma 2025

Catherine Yronwode, *Hoodoo Herb and Root Magic*, Lucky Mojo Curio Company, Forestville, California 2002

RINGRAZIAMENTI

Grazie innanzitutto a Giulia Maria Campana, che mi ha convinto a superare un blocco durato metà della mia vita: senza di lei questo libro non sarebbe mai nato.

Poi alla mia agente Vicki Satlow: se dovessi indicare qualcuno che con una sola parola sprigiona la potenza di un incantesimo, non potrei indicare che lei.

A Mauro Ghirimoldi, fratello e collega stregone, che sopporta i miei discorsi da un quarto di secolo e trova pure il tempo per darmi degli ottimi consigli e dell'ottima bibliografia.

A Francesco Dimitri, altro vecchio compagno di malefatte, perché a quel tempo eravamo in così pochi a parlare di queste cose...

Ai tanti, tanti autori sulle cui pagine ho studiato in questi anni, soprattutto i miei preferiti: Ramsey Dukes, Jaq D. Hawkins, Patrick Dunn, Jan Fries e Andrieh Vitimus. Oggi, come per magia, mi ritrovo a essere uno di loro, e mai avrei creduto in vita mia di poter diventare *sesto tra cotanto senno* (sì, era una frase presuntuosa già in bocca a Dante: lasciate che sia un po' presuntuoso anch'io!...).

A tutte le persone che negli anni mi hanno coinvolto in affascinanti – e a volte interminabili – discussioni sulla Magia del Caos, e che con la loro fiducia, il loro genio o il loro intelligente scetticismo mi hanno insegnato quel che non avrei mai potuto imparare da un libro: in particolare Stefano Tevini, Monia Rota, Lorenzo Turni, Michi Rivolta, Ivan Lania e naturalmente *my darling* George Livermore.

E infine a Sara. Perché non c'è magia più grande al mondo di quella racchiusa in queste quattro lettere.

INDICE